· RAQUEL CARPENTER ·

APRENDA A LUTAR

UM ITINERÁRIO DE CURA DAS EMOÇÕES COM

SÃO RAFAEL

Dados Internacionais de Catalogação na Publicação (CIP)
(Câmara Brasileira do Livro, SP, Brasil)

```
Carpenter, Raquel
    Aprenda a lutar : um itinerário de cura das
emoções com São Rafael / Raquel Carpenter. --
São Paulo, SP : Angelus Editora, 2022.

    ISBN 978-65-89083-26-9

    1. Anjos 2. Cura - Aspectos religiosos 3. Livros
de oração e devoção 4. Novenas 5. Rafael (Arcanjo)
I. Título.

22-125458                                    CDD-235.3
```

Índices para catálogo sistemático:

1. Arcanjos : Cristianismo   235.3

Eliete Marques da Silva - Bibliotecária - CRB-8/9380

APRENDA A LUTAR
UM ITINERÁRIO DE CURA DAS EMOÇÕES COM SÃO RAFAEL

3ª Edição

Copyright
© Angelus Editora - 2024

Direção editorial:
Maristela Ciarrocchi

Revisão:
Ariane dos Santos Neves Monteiro

Capa, projeto gráfico e diagramação:
Adora Comunicação e Thiago Lucio

ISBN: 978-65-89083-26-9

AGRADECIMENTOS

Escrever este livro é trazer experiência de vida de uma comunidade inteira, por isso não tenho como não dizer que todos da minha comunidade fazem parte desta história. Sou muito grata a Deus por me dar o carisma Água Viva e cada um dos filhos espirituais que me fazem crescer e amadurecer a cada dia. Agradeço imensamente a todo Conselho Geral que me apoiou e teve muita paciência comigo nos momentos em que precisei de dedicação exclusiva para escrever.

Agradeço a Karlla Pompermaier que sempre está auxiliando em todas as minhas missões e na vida, sem você não conseguiria terminar. Obrigada, Katya Almeida e Vivian Lacchine, por estarem juntas neste projeto dando todas as sugestões e auxílios necessários. Obrigada, Rafael Brito, por todo suporte e incentivo, por estar neste projeto junto comigo de inúmeras formas. Obrigada, Maristela Ciarrocchi e Angelus Editora, por insistirem e apoiarem para que mais esta experiência chegasse a tantos.

Agradeço imensamente a minha família por sempre estar tão junto, mesmo que a missão nos deixe distantes, mas o carinho, o incentivo e as orações me sustentam aonde quer que eu esteja.

Agradeço a todos que, direta ou indiretamente, se

uniram para fazer este livro chegar ao máximo de corações possíveis. Agradeço a Deus por sempre querer usar desta pequena mulher para manifestar Sua Graça e Seu Poder. Sou grata por poder portar um carisma e um milagre para que o mundo saiba que Deus está vivo e continua a agir.

E, por fim, dedico este livro a você que está agora iniciando esta jornada, para que possa fazer uma experiência de transformação pelas mãos de São Rafael. Que Deus te abençoe!

ÍNDICE

Introdução	9
Capítulo I: Conhecendo os Anjos e nosso amigo Arcanjo Rafael	13
Capítulo II: Continuamente na presença de Deus	21
Capítulo III: Comece a sua jornada com São Rafael	41
Capítulo IV: Tudo começa na gestação	51
Capítulo V: Mas nem tudo…	63
Capítulo VI: O medo que te paralisa ou te protege?	71
Capítulo VII: Como se libertar das amarras do medo?	81
Capítulo VIII: Como Sara superou o luto e a tristeza?	95

Capítulo IX:
Depressão e perda de sentido da vida? **107**

Capítulo X:
E a raiva nessa história? **119**

Capítulo XI:
Vida afetiva e libertação de Asmodeu **131**

Capítulo XII:
Mente, primeiro campo de batalha **149**

Capítulo XIII:
Aprenda a lutar como vitorioso **161**

Capítulo XIV:
Quaresma de São Rafael Arcanjo **175**

Capítulo XV:
Orações diversas aos Santos Anjos **199**

Conclusão **223**

Bibliografia **227**

INTRODUÇÃO

Certo dia, me vi diante de grandes conflitos, sentia que uma batalha espiritual rondava a mim e a minha comunidade, mas não sabia identificar de onde vinha. Não conseguia identificar com clareza meus sentimentos e pensamentos, cabeça confusa, ansiosa e com um "frio na barriga", como se algo ruim estivesse para acontecer. Meu corpo já estava reagindo à montanha russa de emoções que estava passando: sintomas, médicos, remédios, choros e aumento de ansiedade.

No meio da noite, fiz um forte clamor para que fosse lavada pelo Sangue de Jesus e que o Senhor trouxesse clareza a essa situação. Foi então que Ele me disse claramente: "Aprende a lutar!".

Essa frase ecoou dentro de mim e trouxe muitas perguntas: Lutar contra o quê? Contra quem? Aprender? Onde?

Enfim, entendi que realmente estava dentro de um combate e que precisava parar de apanhar e começar a lutar. Me sentia naqueles jogos em que você entra no escuro e precisa lutar sem ver, mas, de repente, se vê atacada de vários lados, pois não consegue saber de onde vêm os inimigos e nem quem são eles. Me sentia esgotada, chateada, decepcionada, agredida, triste, amedrontada, ou seja, toda machucada. A partir dessa fala do Senhor, comecei a reagir e busquei entender melhor sobre esse combate espiritual que nos ronda.

Ignorar a batalha espiritual não faz com que você apanhe menos, pelo contrário, te faz perder muita coisa, muito tempo, energia, saúde e pessoas. Será que você está dentro de uma batalha, se vê apanhando de vários lados e estava como eu, sem saber o que fazer? Insisti para que Deus me desse o primeiro passo e, rapidamente, tive uma imagem de uma aula de luta.

Fiquei surpresa diante do caminho que se abria diante de mim: Fazer *Muay Thai*. Nunca imaginei fazer uma aula de luta, mas aceitei esse desafio e fui procurar algum lugar que eu pudesse me sentir mais adequada. Senti a mão de Deus me encaminhando até uma escola e, ao entrar, já me deparei com vários versículos bíblicos escritos nas paredes, entre eles:

"Revesti-vos da armadura de Deus, para que possais resistir às ciladas do Diabo, pois a nossa luta não é contra seres humanos, mas contra os poderes e autoridades, contra os dominadores deste mundo de trevas, contra as forças espirituais do mal nas regiões celestiais. Por isso, vistam toda a armadura de Deus, para que possam resistir no dia mau e permanecer inabaláveis, depois de terem feito tudo." (Ef 6, 11-13)

"Pois, embora vivamos como homens, não lutamos segundo os padrões humanos. As armas com as quais lutamos não são humanas; ao contrário, são poderosas em Deus para destruir fortalezas." (2 Cor 10, 3)

Diante daquelas paredes marcadas com essas palavras, só me recordava da frase do Senhor: **Aprenda a lutar!** Entrei naquele ringue, enfrentando a vergonha de não saber nada sobre luta e, muito menos, me sentir com jeito para isso. Cada aula que passava, percebia que meu corpo e minha mente estavam se conectando num mesmo movimento. Ouvi várias vezes a avaliação do professor dizendo que meu problema estava na defesa: "Raquel, levanta a defesa!". Entendi mais um recado de Deus, não estou sabendo me defender. Aprender a lutar é aprender a se defender e atacar quando devido. Entendi que, num combate, não se fica parado, ou você defende ou você ataca. Aquele que fica "parado", apanha e é derrotado, por isso, muitas vezes, me senti derrotada diante de combates, não sabendo identificar as batalhas e, inocentemente, achando que elas não existiam. Nesse pensamento, vi minha vida e nossa missão sendo atrasada por tantas situações que poderíamos evitar se estivéssemos alinhados espiritualmente: atacando e defendendo.

Nunca imaginei que, em uma atividade física, eu pudesse aprender e entender tantas coisas da vida espiritual. A partir dessa percepção da falta de defesa fui capaz de identificar onde estava faltando defesa, espiritual e mental em mim. Costumo dizer que o campo de batalha que mais temos de enfrentar é a nossa própria mente. Muitas vezes, nossos pensamentos são tão negativos e pessimistas, nossa visão de nós mesmos é tão inferior e limitada, que nos derrotamos sem necessitar de inimigos externos. Já sentiu isso? Aprender a equilibrar suas emoções, alinhar seus pensamentos, fazer a defesa espiritual correta, ter discernimento dos espíritos, ter uma vida de oração que verdadeiramente te proteja, ter uma mente fortalecida para vencer a batalha e se tornar uma pessoa vitoriosa.

Este livro é resultado de grandes combates vencidos pelo poder do Sangue de Jesus e a presença dos Santos Anjos. **A arma dos anjos é o Sangue de Jesus!** Será São Rafael que lhe ensinará este caminho de cura e fortalecimento espiritual, como tem ensinado a toda Comunidade Água Viva. Desejo que, a cada capítulo, você faça uma descoberta de como ter vitórias em todas as áreas de sua vida.

CAPÍTULO I:

Conhecendo os anjos e nosso amigo Arcanjo Rafael

"Na cidade Santa do Céu, onde há pleno conhecimento que brota da visão de Deus onipotente, os anjos não têm nomes particulares, que distinguem as pessoas, mas, quando vêm a nós por alguma missão, tomam o nome do ofício que exercem. A eles são atribuídos nomes particulares, porque, pelo modo de chamá-los, aparece qual o tipo do ministério que lhes é confiado."

São Gregório Magno

Seja bem-vindo a este caminho de profunda cura de suas emoções e fortalecimento espiritual com o auxílio de São Rafael. Ele estará contigo nesta jornada como esteve com Sara, Tobias e Tobit. Como nos disse São Gregório Magno, os anjos recebem nome diante da missão que exercem. O Arcanjo Rafael é um dos seres espirituais mais íntimos e próximos de Deus. A ele, a tradição judaico-cristã, atribui o ministério da cura e libertação de todos os males do corpo e da alma. São Rafael é considerado guardião da saúde e da cura física, emocional e espiritual. Foi o único que, segundo as escrituras (livro de Tobias), assumiu forma humana e viveu entre os seres humanos, durante alguns meses. É o portador da virtude da cura e do dom da transformação. Conduz a humanidade, ensinando o caminho da defesa contra os males físicos, emocionais e espirituais.

O Catecismo da Igreja afirma sobre a existência dos anjos no artigo 328: "A existência dos Seres Espirituais, não corporais, que a Sagrada Escritura chama habitualmente de anjos, é uma verdade de fé. O testemunho da Escritura a respeito é tão claro quanto a unanimidade da Tradição". Entendemos que os anjos são uma realidade em nossa vida e trazem uma mensagem de Deus para nós. São seres reais que estão sempre diante de Deus (cf. Mt 18, 10), e agem em nosso favor . Por isso, pode-se dizer que, estando na presença dos anjos, os seres humanos nunca estão sozinhos. Deus os colocou ao nosso lado, não só para nos guardarem (§ 336), mas também para nos relacionarmos com eles.

A palavra "anjo" possui origem no latim *angelus* que tem seu significado básico: "mensageiro". Quando olhamos para o Antigo Testamento, podemos ver que os anjos anunciaram a Abraão e Sara que teriam um filho (Gn 18), protegeram Ló em Sodoma (Gn 19), salvaram Agar e seu filho Ismael no deserto (Gn 21, 17), detiveram a mão de Abraão quando ia sacrificar seu filho Isaac (Gn 22), assistiram o profeta Elias em sua missão (I Rs 19), auxiliaram Tobias, Sara e Tobit (Tb 12), anunciaram a Maria que seria mãe do Salvador (Lc 1, 26-38), avisaram a Zacarias do nascimento de João Batista (Lc 1, 11-17), louvaram a Deus pelo nascimento de Cristo (Lc 2, 13-14), confortaram a Cristo na Paixão (Lc 22, 43) e apareceram na Ressurreição (Mt 28.2; Mc 16.5; Lc 24.4,23; Jo 20.12). Esses são alguns relatos bíblicos que nos mostram a forte presença dos Anjos agindo em nosso favor.

Sabemos que existem nove ordens de anjos que estão organizados de forma hierárquica. Mas, quando pensamos em hierarquia, não devemos ter em mente um triângulo e sim uma forma circular, pois todos os anjos estão em volta do trono do cordeiro (Ap 5). Dentro disso, a tradição, a começar com o monge Dionísio, em seu livro a hierarquia Celeste, ensina-nos que os anjos estão divididos em três hierarquias e que cada uma delas possui três coros (grupos) de anjos que adoram e se relacionam com Deus em modos diferentes. A divisão é a seguinte:

Primeira Hierarquia
SERAFINS: do grego *Séraph*: abrasar, queimar, consumir. São os anjos que adoram a Deus em uma intimidade e profundidade tamanha, que "queimam" de amor na presença do Senhor. Eles têm poder para purificar, por meio de chama e raio luminoso, para afastar as trevas e qualquer sombra que possa ser obscura. Podem nos aquecer no amor e nos mostram que não há impureza que o amor de Deus não possa purificar.

QUERUBINS: do hebraico *Keruv*, que significa aquele que é "propício" ou "abençoador". Os Serafins queimam na presença de Deus e tornam-se abrasadores, enquanto os Querubins carregam a presença de Deus no meio deles. Sustentam a glória de Deus e a adoração no Céu, são chamados guardiões da Glória e do fogo.

TRONOS: São habitados pela presença e a glória do Senhor, e a comunicam aos outros anjos. Indica que estão muito acima de toda a imperfeição terrena. Passaram a viver completa e eternamente na presença do Altíssimo, estão livres de toda paixão e sempre prontos para receber a visita da divindade, eles são portadores e Deus de prontidão para acolher todos os dons.

Segunda Hierarquia
DOMINAÇÕES: Adoram a Deus sendo senhores dos outros anjos. Porém, o senhorio deles não deve ser interpretado como alguém que domina, mas sim, como aqueles que servem.

VIRTUDES: São anjos poderosos e fortes. Eles possuem a fortaleza de Deus. Devem ser invocados no tempo da prova e da fraqueza no caminho.

POTESTADES: Os anjos potestades são anjos com autoridade para governar os outros anjos.

Terceira Hierarquia

PRINCIPADOS: Vem de príncipe, que entre os demais possuem a primazia. Esses anjos são responsáveis por proteger países, cidades e nações.

ARCANJOS: São sete que assistem à presença de Deus (Ap 8, 2). Esses sete seres são os chefes de todos os outros anjos. Os próprios nomes sugerem o seu papel e a sua natureza: todos terminam com "El", que significa "Deus". A Sagrada Escritura atribui a cada Arcanjo uma missão particular.

ANJOS: Adoram a Deus servindo diretamente aos homens como guarda particular, criados a imagem e semelhança de Deus. Enviados para desviar os homens do mal, defender contra os inimigos visíveis e invisíveis e conduzi-los no caminho da salvação (PSEUDO–DIONÍSIO, Hierarcha celeste, VII).

O Nome Rafael significa "Deus Cura" ou "medicina de Deus". Esse é um dos gloriosos Arcanjos de batalha, executor dos desígnios de Deus. A categoria dos Arcanjos é reconhecida no Novo Testamento (1 Ts 4, 15 e Jd 9), mas apenas Gabriel e Miguel têm seus nomes mencionados. Muitos dizem que o anjo que agitava as águas da piscina de Betesda (Jo 5, 4) identificado como "anjo do Senhor" seja o Arcanjo Rafael. Mas, no Antigo Testamento ele se apresenta no livro de Tobias. Trouxe esta saudação de bênção para a família de Tobit: "a Felicidade esteja contigo para sempre" (Tb 5, 11) e continua a trazer esta bênção de felicidade, confiança, esperança na bondade e no poder de Deus: "Tem ânimo, porque é fácil a Deus curar-te" (Tb 5, 13).

É assim que te convido a entrar nesta poderosa jornada com São Rafael, com ânimo, esperança e fé, pois para Deus nada é impossível. Apresente já neste momento o seu coração e suas necessidades, coloca-te diante de São Rafael e faça esta oração:

"Ó Deus, que em inefável bondade tendes enviado o abençoado Rafael como condutor e guia de vossos devotos em sua jornada, humildemente imploramos a Vós que possamos ser conduzidos por ele neste caminho para nossa salvação e experimentemos a sua ajuda na cura das moléstias de nosso corpo, mente e alma. Tudo por Jesus Cristo, Nosso Senhor." Amém

CAPÍTULO II:

Continuamente na presença de Deus

O nome Rafael, significa Deus cura ou medicina de Deus, e se contrapõe ao seu adversário direto: o chamado demônio Asmodeu, que significa: "Aquele que faz perecer". Essa contraposição ao espírito maligno, apresentado pelo livro de Tobias, demonstra já sua missão e seu ministério junto a nós por graça divina.

Logo, podemos afirmar que o companheiro e protetor do jovem Tobias é também o **arcanjo da vida**, que lutará conosco para defender-nos de toda ameaça de morte física e espiritual. Sendo assim, o Arcanjo da Cura, é um enviado por Deus para curar e libertar aqueles que o Senhor Deus deseja.

Mas, qual é a ação específica de Rafael em nossa cura e libertação? Como esse ser espiritual atua diretamente em nossa história? Antes de responder a essas perguntas, torna-se necessário entender a constituição do ser humano, destinatário da intervenção do Arcanjo.

Com o avanço da ciência e, ao mesmo tempo, do conhecimento obtido ao longo dos séculos, chegamos à conclusão de que o ser humano **não** é um ser fragmentado, como muitas vezes alguns setores do pensamento nos inculcou, mas falaremos mais disso nos capítulos adiante.

Na verdade, somos seres compostos e integrais, dotados de Corpo, Alma e Espírito. Isso quer dizer que, em sua natureza, o ser humano não pode ser "desmembrado", ou dissecado, buscando viver simplesmente uma parte daquilo que lhe constitui enquanto criatura. A cada dia estamos sendo empurrados a acreditar nessa fragmentação, pensando uma coisa e falando outra, fazendo uma coisa, mas desejando outra, gerando uma guerra interior. Já se viu incoerente em alguns momentos? Já sentiu algo e fez outra coisa? Já percebeu essa fragmentação em você?

Os estudos mais profundos da psicanálise e da neurociência provam que os males do corpo estão relacionados às chamadas doenças da alma, que por sua vez, possui em si a realidade da psiquê, isto é a mente.

Uma mente doente leva o corpo a padecer, a adoecer, já nos ensinavam nossos avós. E, durante todo o meu processo de enfermidade, entendi que realmente se a mente se entregar ao adoecimento, o corpo não encontrará forças para trilhar o caminho da cura. O corpo padece quando a mente adoece, mas esta mesma mente que te adoece é a que te cura. Se tua mente for curada, ela também irá abrir as portas de cura para todo teu corpo.

Portanto, ao constatarmos esta realidade da existência humana, enquanto ser integral, chegamos à seguinte conclusão: O Arcanjo Rafael, o Arcanjo da Vida, exerce também seus ministérios para a cura das doenças, da nossa alma e da nossa mente. Ele deseja te resgatar de todas as formas de morte para VIDA.

Essa realidade, aparentemente óbvia, passou muitas vezes despercebida aos nossos olhos ao longo dos séculos. Rafael não cura simplesmente a cegueira física de Tobit, mas é capaz de tratar as suas mazelas da alma e livrar a sua futura nora Sara da angústia, depressão e iminente suicídio. Vamos analisar um pouco, no livro de Tobias, as histórias desses três personagens.

Companhia na angústia

A história de Tobit se inicia no primeiro capítulo do livro de Tobias. A narrativa sagrada nos apresenta a história de um homem justo, exilado com sua família, para longe de sua terra natal. Tobit, sendo um homem justo, nunca se esqueceu de sua casa e de sua família que ficou para trás nas terras desoladas pela destruição do invasor assírio.

Você já pode imaginar a tristeza de estar longe dos seus e de sua terra. Mas, o mais impressionante na biografia que o livro de Tobias nos apresenta, é a resiliência que o velho israelita possui mesmo estando no exílio.

O que chama a atenção em Tobit é que o seu coração generoso o faz acolher os pobres em sua casa, em suas refeições festivas, e com coragem ele enterra os seus contemporâneos mortos jogados na praça da cidade (Tb 2, 4).

Alguns anos mais tarde, depois de ter visto com seus olhos os sofrimentos de seu povo, Tobit, cansado por passar a noite em claro, vai tirar um cochilo e alguns excrementos de pardais caem sobre os seus olhos, deixando-o completamente cego.

Desesperado, sem auxílio de ninguém, ele ergue os olhos sem luz para o céu e clama a Deus dizendo: "Tratai-me, pois, ó Senhor, como vos aprouver; mas recebei a minha alma em paz, porque é melhor morrer que viver" (Tb 3, 6).

Como Jó, Tobit pede a morte diante de tanto sofrimento que está enfrentando. Seu coração está despedaçado. A vida para ele se tornou tão dura e difícil, que a saída para tão grande dor é a morte. Uma grande batalha se trava em sua mente e em seus pensamentos. Aqui já vemos como a saúde mental de Tobit estava abalada. Sua moral destruída, seu coração dilacerado e agora procura uma solução no túmulo. Imagino o que passava na mente deste homem temente a Deus: "Será que tudo que fiz não adiantou de nada? Do que adiantou ter sido justo? Para que serviu ajudar os outros se no momento mais difícil de sua vida, não se apresentou nem mesmo um amigo para lhe ajudar? Onde estão os que se beneficiaram com a generosidade?".

O primeiro sentimento no coração de Tobit é o fracasso. Sabe aquela sensação de ter se esforçado, feito tudo e no final não se obtém os resultados que se espera? Após a ausência de sucesso, vem a baixa autoestima. Já não se vê o sorriso no rosto de outrora, nem mesmo o brilho nos olhos de antigamente. Na verdade, seu rosto é marcado pelas lágrimas de desespero ao pensar em como irá cuidar de seu único filho e de sua esposa dedicada. Como provedor da casa, assim como muitos pais desempregados e cheios de dívidas, entra em desespero!

Mas, Tobit está sozinho? Deus deixou de ouvir suas orações e suas súplicas? Como alguém tão dedicado e iluminado como Tobit, pode sofrer? Esta é a pergunta que talvez você já fez alguma vez em tua vida, em um momento de provação. A esse respeito me lembro de uma frase de Victor Frankl que diz: "Aquilo que emite luz deve suportar o calor".

Quer dizer que Tobit estava pagando por algo ou sendo provado por ter sido bom? Absolutamente, não! O bem sempre vencerá o mal e em tua vida você jamais levará prejuízo se amou o bastante. Para que a luz irradiada seja mais forte, passará por algumas purificações. É por isso, então, que a oração dos angustiados toca o coração de Deus. O Todo Poderoso não ficará impassível ao grito de socorro e, logo, Ele entrará em ação a favor do velho justo de Nínive.

Auxílio na depressão e ansiedade

"Aconteceu que, precisamente naquele dia, Sara, filha de Raguel, em Ecbátana, na Média, teve também de suportar os ultrajes de uma serva de seu pai. Ela tinha sido dada sucessivamente a sete maridos. Mas logo que eles se aproximavam dela, um demônio chamado Asmodeu os matava" (Tb 3, 7-8).

O texto nos apresenta duas situações: de dores emocionais e de feridas na alma. Se por um lado Tobit passava por uma profunda depressão a ponto de desejar a morte, da outra parte temos a história de sua futura nora, que sofrendo ultrajes da serva de seu pai, se deixa abater pela tristeza e começa a acreditar naquilo que dizem a seu respeito.

Não é raro nos noticiários, assistirmos a tragédias ligadas a relacionamentos amorosos que não deram certo, ou até mesmo a casamentos que terminam em tragédias.

Se perder alguém que amamos já é um processo extremamente difícil, quanto mais perder, sucessivamente, a sete maridos, que são "roubados" no leito das núpcias.

O trauma de uma lua de mel mal feita, é uma ferida que a mulher leva para o resto de sua vida. Agora você já imaginou isso acontecer sete vezes com você?

Consegue imaginar o tamanho da dor desta mulher?

Pois o texto bíblico nos narra a história dela em paralelo a de Tobit. Veja que o texto diz: "precisamente naquele dia". Isto indica que no mesmo instante, as orações dos "desesperados" são ouvidas na glória de Deus.

O que me chama a atenção, porém, é que Sara, já destruída emocionalmente e fragilizada pelos processos do luto e das perdas, se deixa condicionar pelas opiniões alheias. Desequilibrada emocionalmente ao ouvir tais acusações, não consegue fazer barreira emocional e espiritual. As palavras direcionadas pelas pessoas mais próximas possuem a capacidade de arrasar as estruturas de nossa alma. De fato, conheço inúmeras pessoas que paralisaram suas vidas e a condicionaram à luz daquilo que lhes disseram. Em momentos de fragilidade, se não possuímos um sentido claro e forte, e um norte para a nossa vida, com certeza nos deixamos levar pela tempestade em vez de enfrentar a batalha com Jesus.

Normalmente, escutar injúrias de um familiar, de um amigo ou até mesmo dos pais, pode, de certa maneira, não ser algo raro. Mas o que aconteceu com Sara é algo inacreditável: a serva, a colaboradora de sua família, alguém que estava ali como submissa, de alguma forma, toma a iniciativa de ofender sua senhora. Já imaginou você sendo dono de uma empresa que passa por dificuldades, e um colaborador chegar, de modo desrespeitoso, e dizer: A culpa é sua!

Isto não significaria falta de respeito, insubordinação e, até mesmo, ofensa? Você mandaria embora alguém assim? Talvez sim, mas Sara nem mesmo tinha forças para responder! Já imaginou como a autoestima dela estava? O que vem a seguir é surpreendente. Sara, ao ouvir o desprezo e as acusações de sua serva, decide algo terrível: diferente de Tobit que pediu a morte, ela resolve subir no terraço com uma corda e se enforcar!

Seja para Tobit, bem como para Sara, a vida já não fazia mais sentido. Suas estruturas emocionais estavam abaladas pelo sofrimento. Ela busca uma fuga da dura realidade, se vê numa crise existencial naquele momento. Às vezes, a provação se torna tão forte, que o psicológico não suporta o peso da dor profunda na alma.

Se você parar para pensar, Sara não tinha nenhum mal físico para reclamar. Pelo menos Tobit ficou cego, mas ela ainda jovem, aparentemente não tinha o que reclamar. De fato, era rica, possuía muitos bens e de tudo o que precisasse poderia contar com a ajuda econômica de seu pai, para gozar do conforto que lhe fosse necessário.

Mas sabemos que os bens materiais jamais irão suprir os espirituais, que são perenes em si mesmos. Logo, nossa alma, naturalmente, tende para as coisas que não passam!

Neste capítulo, mesmo falando de Tobit, quero dar um pouco mais de atenção a Sara. Vejamos o que o texto sagrado nos diz a respeito desse dia fatídico na vida da filha de Raguel. Veja o que a serva diz para ela:

"És tu que matas teus maridos, já fostes dada a sete homens e não foste feliz sequer uma vez!" (Tb 3, 8).

Preste atenção no jogo de palavras desta narrativa. A serva acusa sua senhora de matar seus maridos. Logo depois lhe recorda sobre a felicidade. Aqui temos duas realidades traumáticas para a mente de Sara: a memória de suas dores e a recordação de sua condição de infeliz.

Uma das maiores injustiças que podemos imputar a alguém, é acusá-la de ser responsável pela morte de alguém. De fato, a dor do luto é tão intensa, que, se a pessoa não ressignifica em Jesus, tende-se a ser "sepultada" junto com quem se foi. Quantos sonhos e projetos foram enterrados por muitos quando aquele(a) a quem amamos partiu? Agora você pode entender ainda mais a dor de Sara: ela sepultou seus sonhos sete vezes!

Sem compaixão e com ódio em seu coração, a serva de Sara ainda relembra sua senhora, da sua vida de tristeza. Quantas vezes, quando chegavam as visitas em casa, não se encontrava no rosto da jovem Sara o sorriso e a satisfação de viver? É sobre isso. Aquela casa possuía tudo, mas não existia vida que iluminasse seus cômodos e suas varandas! Mas não para por aí. Não bastasse as mortes de seus maridos e a constante dor de não consumar seu matrimônio, a serva ainda lança uma maldição sobre o útero da jovem de Ecbátana:

"Que nunca se veja de ti filho nem filha..." (Tb 3, 9b).

Segundo a psicologia, a descoberta da infertilidade pode gerar a falta de esperança, isolamento e ansiedade. Muitos casais que acompanho e que não conseguem gerar filhos biologicamente, muitas vezes recorrem à adoção ou a tratamentos para tentar a fertilidade e, por sua vez, gerarem filhos. Mas, dependendo de como o estado emocional está, muitos pela ansiedade e imediatismo, não conseguem êxito em nenhum caminho, gerando assim frustração e sentimento de inadequação.

Por que isso? Porque para a mulher, a capacidade de gerar está intimamente ligada à sua essência feminina. Logo, ao dizer essas palavras, a serva de Sara dá o golpe final em sua senhora. Ela vai certeira na maior ferida da jovem: não consegue casar e nem gerar filhos! Ela era infértil? Não sabemos, mas o que aprendemos do texto, é que Sara nunca conseguia consumar a noite de núpcias.

Intercessor dos tristes e desesperados e Guardião da vida

"Naquele dia, a alma de Sara se encheu de tristeza, ela se pôs a chorar e subiu ao quarto de seu pai, com a intenção de se enforcar..." (Tb 3, 10).

Veja que o texto salienta o dia exato do desespero de Sara e de Tobit. No mesmo dia que o velho cego pede a morte, a jovem, do outro lado do país, decide tirar sua própria vida. Ambos estão enfermos na alma. A angústia se transformou em tristeza e, como uma cárie que corrói os ossos, assim aquele sentimento está consumindo a ambos.

A palavra tristeza vem do latim: *tristitia*, e significa "estado de desânimo e aspecto infeliz". É exatamente assim que Sara se encontra. Desanimada, sem forças para viver e desiludida com a própria vida. A tristeza, quando não tratada, pode evoluir para a angústia e gerar os sintomas de ansiedade, depressão e outras enfermidades.

Quando Sara se depara com a realidade do processo em que está vivendo, decide então dar um fim àquela dor. A Palavra nos diz que no profundo de sua alma ela é atingida por uma tristeza mortal. Essa tristeza profunda é capaz de tirar a pessoa da realidade e levá-la para o mundo da ilusão. Quem se entrega a tristeza, morre!

A esse respeito veja o que diz o livro do Eclesiástico:

"Não entregues tua alma à tristeza, não atormentes a ti mesmo em teus pensamentos. Pois a tristeza matou a muitos, e não há nela utilidade alguma..." (Ecl 30, 22-27).

Com a alma entregue à tristeza, Sara sobe para o quarto de seu pai para ali tirar a própria vida, da maneira mais terrível: se enforcando. De fato, existe uma mensagem que os enforcados deixam atrás de si: a vida me sufocou de tal maneira, não me deixando respirar, que decidi então fazer com minhas próprias mãos.

Para nós, cristãos, o suicídio é um atentado contra a própria vida e, portanto, expressamente proibido pela lei divina. Mas, com o alvorecer da ciência, a própria doutrina entende que a causa de tal ato, envolve muitos fatores, sobretudo, e na maioria das vezes, ligadas às dores da alma. Antigamente, por exemplo, não se poderia nem mesmo rezar pelos que cometeram tal ato. Hoje, a Igreja mudou seu modo de pensar e, em acordo com o Evangelho, orienta orar também pelos desesperados que se entregaram à tristeza.

Outro dado importante para analisarmos é que Sara decidiu "dar cabo a sua vida" no quarto de seu pai. Veja o mistério desse texto. Do mesmo modo que no quarto de núpcias em que ela deveria consumar seu casamento, morrem seus maridos, a jovem decide ir ao quarto do pai, para tirar sua vida. Parece-me que é um último grito de socorro a um pai que talvez não tenha cumprido com a missão de dar a atenção necessária à filha. Ao mesmo tempo, se nota o amor que a jovem sente por seu pai.

Mas, tudo muda! Quando a jovem começa a se preparar para descer à sepultura, um pensamento lhe vem à mente: Não posso fazer isso! Veja o que o texto diz: "Mas refletindo pensou: Talvez isso sirva para que injuriem meu pai e lhe digam: 'Tinhas uma filha única, amada, e ela se enforcou porque se sentia infeliz!', não posso consentir que meu pai, em sua velhice desça acabrunhado a mansão dos mortos, é melhor que invés de me enforcar eu suplique ao Senhor a morte..." (Tb 3, 10).

Mas de onde veio esse pensamento na mente de Sara? Seguramente, veio através da comunicação por via de iluminação que os anjos possuem. Os anjos se comunicam conosco diferente do modo como nos expressamos. Eles possuem o dom de iluminar nossas mentes e, ao mesmo tempo, fazer-nos escutar sua voz em forma de locução interior.

Sara decide voltar atrás em sua decisão, através desse pensamento que lhe vem como que externamente. É justamente aqui que a graça divina começa a agir no coração dilacerado da jovem. Depois de orar, Deus em sua glória, escuta a oração e envia o Arcanjo Rafael para curar Tobit e libertar Sara das artimanhas de Asmodeu! (Tb 3, 16)

Ao mesmo tempo, lá na casa de Tobit, sentindo grande tristeza, lembra que em Ragés tem um parente, e chama Tobias para informar sobre um dinheiro deixado com ele. Tobit deixa orientações valiosíssimas para seu filho, mostrando que já está conformado com a morte:

"Tobit, julgando que sua prece tinha sido atendida e que ia morrer, chamou junto de si o seu filho e disse-lhe: "Ouve, meu filho, as palavras que te vou dizer e faze que elas sejam em teu coração um sólido fundamento. 3.Quando Deus tiver recebido a minha alma, darás sepultura ao meu corpo. Honrarás tua mãe todos os dias de tua vida, 4. porque te deves lembrar de quantos perigos ela passou por tua causa (quando te trazia em seu seio). 5.Quando ela morrer, tu a enterrarás junto de mim.6.Quanto a ti, conserva sempre em teu coração o pensamento de Deus; guarda-te de consentir jamais no pecado e de negligenciar os preceitos do Senhor, nosso Deus.* 7.Dá esmola dos teus bens e não te desvies de nenhum pobre, pois, assim fazendo, Deus tampouco se desviará de ti. 8.Sê misericordioso segundo as tuas posses. 9.Se tiveres muito, dá abundantemente; se tiveres pouco, dá desse pouco de bom coração. 10.Assim acumularás uma boa recompensa para o dia da necessidade. 11.Porque a esmola livra do pecado e da morte e preserva a alma de cair nas trevas. 12.A esmola será para todos os que a praticam um motivo de grande confiança diante do Deus Altíssimo. 13.Guarda-te, meu filho, de toda a fornicação.

Fora de tua mulher, não te autorizes jamais um comércio criminoso.* ¹⁴· Nunca permitas que o orgulho domine o teu espírito ou as tuas palavras, porque ele é a origem de todo mal. ¹⁵·A todo o que fizer para ti um trabalho, paga o seu salário na mesma hora. Que o pagamento de teu operário não fique um instante em teu poder.* ¹⁶·Guarda-te de jamais fazer a outrem o que não quererias que te fosse feito. ¹⁷·Come o teu pão em companhia dos pobres e dos indigentes. Cobre com as tuas próprias vestes os que estiverem desprovidos delas. ¹⁸·Põe o teu pão e o teu vinho sobre a sepultura do justo, mas não o comas, nem o bebas em companhia dos pecadores. * ¹⁹· Busca sempre conselho junto ao sábio. ²⁰·Bendize a Deus em todo o tempo e pede-lhe que dirija os teus passos, de modo que os teus planos estejam sempre de acordo com a sua vontade.*²¹· Faço-te saber também, meu filho, que quando eras ainda pequenino, emprestei a Gabael de Ragés, cidade da Média, uma soma de dez talentos de prata, cujo recibo tenho guardado comigo. ²²·Procura, pois, um meio de ir até lá para receber o sobredito peso de prata, restituindo-lhe o recibo. ²³·Procura viver sem cuidados, meu filho. Levamos, é certo, uma vida pobre, mas se temermos a Deus, se evitarmos todo pecado e vivermos honestamente, grande será a nossa riqueza". (Tb, 4)

Tobias, ao sair a procura de alguém que possa acompanhá-lo até este lugar desconhecido para ele, encontra um jovem que se apresenta como Azarias, mas este é o Arcanjo Rafael que irá se revelar somente depois. Ele o acompanha até a casa de Gabael e lá conhece Sara. Tobias questiona a Rafael sobre seu receio em casar-se com Sara, pois já tinha ouvido as histórias das mortes dos maridos. Rafael explica que irá auxiliá-lo e já, no meio do caminho, ao lavar os pés no rio, um enorme peixe pula em direção a Tobias, Rafael ensina Tobias a capturar o peixe e fazer remédios a partir do fígado, coração e do fel do peixe.

"Se puseres um pedaço do coração sobre brasas, a sua fumaça expulsará toda espécie de mau espírito, tanto do homem como da mulher e impedirá que ele volte de novo a eles. [9].Quanto ao fel, pode-se fazer com ele um unguento para os olhos que foram atingidos por manchas brancas, porque ele tem a propriedade de curar." (Tb 6, 8-9)

Tobias, então recebe a benção para se casar com Sara e tudo começa a ser preparado. Ao se casarem, Tobias se lembrou das orientações de Rafael e fez conforme lhe havia ensinado. Pegou o fígado e o coração do peixe, que estavam em sua sacola e colocou para queimar no queimador de incenso. O cheiro do peixe expulsou Asmodeu, que fugiu para as regiões do alto Egito, mas foi perseguido pelo Arcanjo Rafael e acorrentado. Depois, Tobias e Sara começaram a rezar pedindo misericórdia, clamando a proteção de Deus e de seus anjos. Tobias venceu Asmodeu e foi cura para o coração de Sara e daquela família que pode se alegrar com a Vitória sobre o mal. Rafael foi a casa de Gabael e recuperou o dinheiro de Tobit que lá estava guardado e o convidou para o casamento de Tobias e grande festa se deu com aquela vitória. Passado o tempo da festa de casamento, Tobias e Sara retornaram para casa de Tobit e, ao chegarem, Rafael o lembrou de passar agora o fel sobre os olhos do pai. Passou aquele unguento nos olhos do pai assim que o encontrou e ao retirar as mãos, seu pai recuperou a vista. Tobias contou, então, ao pai toda a sua viagem, o dinheiro que havia recuperado, a esposa que havia conquistado e a herança que havia ganhado do casamento. Houve grande festa pela cura de Tobit e pela abundância financeira que havia sido concedida a eles. Tobit então chamou Tobias e lhe ordenou pagar a "Azarias" por ter feito toda essa viagem com ele e, nesse momento, acontece a grande revelação.

Onde entra a revelação do Arcanjo? Em todo o momento ele nunca esteve longe. O príncipe do Céu intercedeu por Sara e por sua humilhação desde o princípio. Veja o que ele diz ao se revelar a Tobit:

"Quando tu e Sara fazíeis oração, era eu que apresentava vossas súplicas diante da glória de Deus e as lia" (Tb 12, 12)

Esse é São Rafael Arcanjo. Seu ministério é lindo e capaz de nos comover. Através do Arcanjo, o Senhor nos cura e liberta. Deus não faz as coisas pela metade. Por isso, se você precisa de cura interior ou libertação em alguma área da tua vida, saiba que Deus te concederá a graça completa e não em partes.

São Rafael intercederá por ti e irá a tua frente para te conduzir junto com o teu Anjo da Guarda ao longo do caminho! Vamos iniciar nossa jornada nos entregando a São Rafael, iniciando esta amizade com ele. Rezemos:

Ato de entrega solene ao Arcanjo São Rafael Arcanjo

Poderoso São Rafael, esclarecido Príncipe da Corte Celeste, um dos sete espíritos que estão sempre diante do Altíssimo, protetor da Nação Brasileira e guia dos Tobias, Ragueis e Saras brasileiros! Eu, (dizer o nome), em presença da Santíssima Trindade, da Imaculada Virgem Maria, Rainha e Padroeira do Brasil e dos nove coros angélicos, entrego-me hoje a Vós, para ser um dos vossos servos durante todo o tempo de minha terrena peregrinação. Prometo-Vos diante dos Céus e da Terra, não passar um só dia de minha vida, sem venerar-Vos e sem oferecer-Vos minhas súplicas, penas e trabalhos. Enquanto de mim depender, esforçar-me-ei para que outros também Vos honrem, para assim todos juntos experimentarmos os efeitos de vossa proteção. Ó Santo Arcanjo! Acolhei benigno minhas humildes ofertas e recebei-me no número dos vossos protegidos que conhecem por experiência a eficiência de vosso patrocínio.

Solícito Guia dos viajantes! Dirigi-me durante a peregrinação perigosa desta vida.

Ó condutor celeste de Tobias! Inspirai-me o modo de poder vencer o monstruoso peixe, meu inimigo infernal, fazendo com que o furna de fígado e o unguento de seu fel sirvam para remédio de meu corpo e de minha alma.

Protetor dos desvalidos! Livrai-me de todos os perigos que possam ameaçar a minha alma e o meu corpo.

Refúgio e amparo dos desgraçados! Socorrei-me em minha indigência espiritual e corporal.

Consolador dos aflitos! Mitigai as dores que oprimem meu coração e enchem de angústia o meu espírito.

Médico celeste dos enfermos! Curai as enfermidades da minha alma e conservai-me a saúde para empregá-la em servir mais fervorosamente Aquele que é nosso Supremo Senhor.

Protetor generoso das famílias cristãs, lançai para minha família um olhar bondoso, para que meus irmãos e todos os bens da família experimentem os efeitos do vosso Patrocínio.

Fortaleza das almas tentadas! Livrai-me das sugestões perigosas do inimigo infernal Asmodeu e não permitais que jamais caia em seus laços satânicos.

Benfeitor insigne das almas caritativas! Sabendo o quanto desejais que vossos protegidos se entreguem ao exercício da caridade para com o próximo, para participarem de vossos benefícios, tomo hoje em vossa presença a firme resolução de nunca desprezar ocasião alguma de acudir em socorro de meu próximo, conforme o permitirem os meus recursos.

Dignai-vos ó Santo Azarias, aceitar a minha humilde oferenda e alcançar-me, por meio do vosso maná vivo do Céu, a graça de sentir durante toda a minha vida, e muito mais na hora da morte, os efeitos da vossa poderosa afeição. Assim seja.

1 Pai-Nosso, 1 Ave-Maria e 1 Glória ao Pai.

CAPÍTULO III:

Comece a sua jornada com São Rafael

Ao meditar sobre a história de Tobit, Sara e Tobias podemos ver a força e a presença do Arcanjo Rafael. Ele nos ensina a combater no corpo, na mente e no Espírito. Esse Arcanjo está em ordem de batalha, com cálice do Sangue de Jesus para te fazer vitorioso. Dentro da batalha espiritual entendi que devemos começar por nossas emoções, pois essa é uma área em que o demônio muito nos ataca, confunde e fragiliza. Quem tem uma mente fortalecida vence as tentações, os ataques, identifica onde estão os enganos e consegue ter uma abertura grandiosa a Deus, deixando "Deus ser Deus". É preciso saber discernir o que é de ordem emocional e o que é combate espiritual. Em todo esse tempo em que Deus foi me preparando para lutar e vencer os combates, fui aprendendo o quanto é importante conhecer e saber lidar com as emoções, ter equilíbrio emocional, o que hoje chamamos de Inteligência Emocional, que é um dos muitos aspectos da Inteligência Humana.

As emoções são importantes para a nossa sobrevivência, elas têm funções fundamentais em nossas vidas, são presentes de Deus. São elas que nos ligam ao mundo, ao outro, são essenciais para nossa sobrevivência, para a nossa adaptação, para nos relacionarmos, e seria ilusão acreditarmos que temos a possibilidade de viver sem elas. Quando ignoramos a força que as emoções exercem dentro de nós, estamos destinados a perder os combates. Mas, se você sente que já perdeu muitos combates, quero te ensinar o caminho que Deus fez comigo, te apresentar o grande poder do Sangue de Jesus e de São Rafael. Esse caminho tem me conduzido, junto com a minha Comunidade, a vencer cada combate, vivendo de Vitória em Vitória.

Santa Teresa Dávila escreveu: "O autoconhecimento é tão importante que, por mais próximo que você esteja do Céu, eu gostaria que não descuidasse do cultivo de sua percepção de si mesmo". É preciso ter percepção de si para saber nomear, entender e compreender a emoção que estamos vivendo. Para vencer as guerras interiores e exteriores, é necessário ter habilidades com as emoções. Como você se vê nessas habilidades?

E o que, de fato, são as emoções? A etimologia da palavra "emoção" deriva de duas palavras do latim: *ex movere* que significa "em movimento". Já reparou que quando está emocionado você sente dor de barriga, chora, ri sem parar, tem taquicardia, fica sem voz, uns desmaiam, ficam vermelhos, pálidos, entre muitas outras reações. Quando estamos emocionados, o nosso corpo entra em movimento, sabemos que estamos emocionados justamente por esses movimentos e as sensações que experimentamos.

Gosto de dizer que as emoções são amorais, ou seja, não são boas, nem ruins. O que será bom ou ruim é a maneira como lidamos com elas. Como agimos em relação a elas é o que determina uma vivência ordenada ou desordenada, isso determina a nossa Inteligência Emocional, fundamental para quando estamos em um combate.

Uma pessoa equilibrada possui estabilidade emocional, e essa estabilidade é a capacidade que nós temos de estar em harmonia, isto é, conseguir sustentar um mesmo estado emocional independente das circunstâncias da vida.

Estabilidade emocional tem a ver com felicidade.

Muitos perguntam: será que existe felicidade? A felicidade é um estado de espírito, não é uma ilusão, nem algo passageiro, no entanto, se não existe estabilidade emocional, não tem como ser feliz.

A cada dia, mais pesquisas apontam o quanto as emoções têm muitas influências em nossas vidas. O estresse, chamado mal do século XXI, tem origem nas emoções, e é um reflexo da incapacidade de lidar com elas, que influenciam diretamente em nosso sistema imunológico, em nossa saúde emocional, social, e assim por diante. Ela tem tanta importância, que essa capacidade foi denominada como uma das Inteligências Humanas, chamada Inteligência Emocional.

O homem é embrionariamente estruturado de forma lógica, coerente e ordenado para ser uma unicidade. Quando Deus nos cria, Ele nos cria por inteiro. Hebreus 10, 5b.7 diz:

"Tu me deste um corpo. Então eu disse: Eis que eu vim, ó Deus, para fazer a tua vontade".

Infelizmente, foi sendo sutilmente trabalhada em nós essa ideia de que temos áreas separadas, divididas, feitas em partes e fragmentadas. O meu físico dividido de minha mente, dividido do que eu sinto. Falo uma coisa, mas na verdade eu estou sentindo outra. Eu penso uma coisa, não consigo falar, não consigo me expressar, me entender.

Vamos nos tornando pessoas divididas, fragmentadas. E isso é o que tem nos deixado desconectados, adoecidos e fragilizados. Estamos desconectados de nós, dos outros e também de Deus. Estamos sendo empurrados a viver cada vez mais como ilhas, como se esse fosse o melhor caminho. Se eu não estiver em unidade comigo mesmo, eu jamais vou estar em unidade com os outros e muito menos com Deus. Se o que eu penso não está conectado com o que eu faço, que não está conectado com o que eu falo, eu já estou dividida em mim mesma. Quando eu começo a viver essa fragmentação, me torno fragmentado em tudo que eu faço e falo, onde quer que eu esteja. Consegue compreender quando eu digo fragmentado? É como se as coisas estivessem em pedaços, um quebra-cabeça totalmente separado. O que adianta peças de um quebra-cabeça separadas? Parece que elas não se ligam, não se encaixam, perdem o sentido.

E é isso que tem acontecido. Parece que o que eu vivi em minha gestação não tem a ver com o que eu estou passando hoje. Parece que aquilo que eu escutei ontem não vai interferir em minha emoção e na resposta que eu preciso dar daqui a pouco. O que eu sonhei não vai interferir no meu físico, o estresse que eu passei não vai interferir em minha saúde. É impossível. Nós estamos totalmente interligados e precisamos aprender, precisamos entender que nada que nos acontece, nada que vivemos vai passar sem deixar algum impacto positivo ou negativo em todo o ser.

É tão interessante: hoje, quantas pesquisas e artigos científicos falando que a fé interfere no físico. É óbvio que espiritualidade e a oração irão atuar em todo o seu ser. Inúmeras pesquisas dizendo o quanto sorrir faz bem pra saúde. É óbvio. Tudo que você faz vai agir em tudo. Segundo especialistas, quando estamos preocupados, estressados ou com medo, o cérebro começa a produzir e lançar substâncias como adrenalina e cortisol, que rapidamente vão avisar quais emoções devem ser sintetizadas. Quando você sorri, este ciclo é quebrado e, imediatamente, são liberados hormônios de felicidade (dopamina, serotonina, endorfina) que começam a circular nas veias mudando completamente seu estado de espírito. Sorrir faz bem para a mente, faz bem para o físico, faz bem para tudo. Como quando você se entristece e se deprime, o seu organismo, o seu físico, a sua mente e o seu espírito também vão se abater. Assim, compreenda que tudo, tudo que nós vivemos, vai ficando marcado em nós.

Comecemos, principalmente, com a tristeza, o medo e a raiva. Essas emoções mal administradas vão causando uma série de desordens emocionais, psiquiátricas, físicas, sociais, afetando todo o teu corpo. A raiva, por exemplo, existem muitas pessoas que não sabem liberar a raiva e vivem como se não a tivessem. Você sabia que todos nós temos essas emoções básicas? Você tem raiva dentro de você. O problema é que quando você não se conhece e não acessa essa emoção que está aí dentro, ela começa a ser prejudicial a sua saúde. Se você não conhece, não sabe lidar, provavelmente está liberando ela no lugar ou na pessoa errada. E se a raiva ficar contida em seu físico? O que ela causa? A raiva adoece muitas pessoas. Inúmeras dores de cabeça, bruxismo, problemas nas mandíbulas, nos dentes, musculares, fibromialgia, dores nas costas, dores no quadril, dores no joelho, muitas enfermidades de estômago e intestino estão ligadas à raiva.

Uma pessoa pode entrar em depressão por raiva, por não saber lidar com essa emoção, não saber canalizar para o lugar certo. Muitos outros acham que não podem sentir raiva, acabam engolindo e começam a pegar a estrada do adoecimento. Você pode se deformar, se distanciar de quem você é pelo fato de não se conhecer. Por quê? Por não saber lidar com suas emoções! Quantos surgimentos de doenças vêm por somatização, dores, dores generalizadas, muitas pessoas com dores nas mãos, dores nos punhos, podendo ser raiva contida ali na mão. Quantas vezes você gostaria de dar um soco ou uma resposta mais intensa, mas, automaticamente, bloqueia por saber que não é correto, por não querer se descontrolar, por não querer mostrar que ficou com raiva, por não se achar no direito de reagir, por não poder falar. Diarréias, constipação, tremores, manchas na pele, falta de ar, problemas respiratórios. Muitos sintomas não vão estar ligados a uma alteração orgânica, muitos estão ligados a algo que você está passando e, com certeza, suas emoções estão descontroladas. Essas emoções incontroladas, mal canalizadas, pensamentos negativos, vão desencadeando uma série de desequilíbrios e vão atrapalhando o funcionamento de todo corpo.

Existe uma frase de Aristóteles que é muito verdadeira. Ele diz: "acho que é mais corajoso quem vence seus medos, do que quem vence seus inimigos. Porque a vitória mais difícil é sobre si mesmo".

A vitória mais difícil é sobre você mesmo. É você saber controlar seus pensamentos, você saber controlar os seus sentimentos, domar o que é ruim em si mesmo. Isso é o mais difícil e o mais necessário.

Quantas vezes você não consegue ler o que está te acontecendo? Quantas vezes você não consegue identificar o que sente? O que está aí dentro de você? Entenda, esse caminho de autoconhecimento é fundamental. Quando Deus nos criou, Ele nos criou por inteiro. Ele nos criou como um todo. E é importante compreendermos que o medo, a raiva, tudo aquilo que eu sinto está intimamente ligado a tudo.

Faça agora uma autoavaliação sobre sua capacidade de gerenciar suas emoções.

CAPÍTULO IV:

Tudo começa na gestação

Você sabia que muitos desequilíbrios emocionais que nós trazemos não são nossos? Que São Rafael vá contigo a lugares desconhecidos como foi com Tobias. Quero, neste capítulo, adentrar um momento muito importante e sério de nossa vida e que muitas vezes não temos conhecimento. São três eventos que nós vivemos e que não temos consciência, ou seja, não é possível lembrarmos, porém são momentos tão fortes, tão importantes e tão significativos: a fecundação, a gestação e o nascimento. O nascimento é tão importante em nossa vida que é capaz de marcar-nos para sempre. Você sabia que, dependendo do jeito que foi o teu parto, se foi normal, cesárea, de fórceps, se o bebê ficou sentado ou encaixado, tudo isso fala a teu respeito? Para nascer, o bebê já teve que vencer a sua primeira grande luta. O primeiro esforço da vida é muito importante para o desenvolvimento psíquico, físico e espiritual. Durante a gestação, as suas células estão sendo formadas e se, esse for um momento de tensão, todas as células vão receber essa influência. Você acha que o corpo vai ter mais células saudáveis ou mais células adoecidas? Entende. Quantas doenças, quantos desequilíbrios já partem deste momento? Em meu livro "O Poder do Sangue de Jesus", eu narro uma parte do meu testemunho, mas não contei a primeira parte do meu testemunho, onde tudo começou. A morte me ronda desde muito cedo, a doença física (como conto no livro citado acima) foi um grande momento de conversão e milagre em minha vida, mas minha primeira conversão se deu aos meus 12 anos de idade.

    Sou de uma família muito boa, meus pais sempre se amaram, viviam um para o outro. Sou a caçula de 4 filhos. Sempre ouvi que era a "rapa do tacho", mas nunca gostei dessa expressão, não queria ser comparada a uma rapa de comida queimada, apesar de alguns gostarem muito disso. Eu trazia, desde pequena, uma tristeza que não era entendida por minha família. Era uma criança muito chorona e insatisfeita com tudo. Minha mãe costumava dizer que iria me levar para ver crianças que nada tinham para eu ver como a minha vida era boa e eu ingrata. Mas, imagine, uma criança escutando isso sem entender o que está se passando em seu interior?! Eu não entendia porque eu achava a vida tão chata, tão sem sentido. Era acordar, ir para escola, estudar, voltar, comer, estudar e dormir, e o ciclo era o mesmo sempre. Achava muito sem graça a vida. Minha mãe contava que aos 4 anos eu cheguei a pedir para voltar para dentro da barriga dela. Essa insatisfação sem resposta me levou a desistir da minha vida, não havia nenhum problema aparente, e isso era exatamente o que me desesperava. Não sabia explicar qual era o motivo de tanta tristeza. Pensei: "Melhor eu morrer, pois dou muito trabalho e não vou mais atrapalhar ninguém. Eles vão ser mais felizes sem mim". Imagine que eu tinha apenas 12 anos de idade com todos esses conflitos. Tentei suicídio 3 vezes até que, na última vez, ao ver o silêncio e os olhos de tristeza de minha mãe, fui correndo para a Comunidade Bom Pastor, uma igreja que tinha perto da minha casa e, ao chegar na capela do Santíssimo, toda machucada, chorava e muito brava dizia para Deus que eu não havia pedido para nascer e nem morrer Ele me deixava. Mas foi ali naquela capela que o Senhor olhou profundamente em meus olhos e começou uma história de salvação. Uma ministra de Eucaristia, ao entrar na capela e me ver ali, chorando e ferida, abriu o Santíssimo, saiu da capela e me fechou lá dentro. Aquela Eucaristia se transformou nos olhos de Deus, que penetraram a minha alma e pude ouvir Deus dizendo: "Eu te quis, você tem uma missão". Uma grande alegria invadiu minha alma como nunca havia sentido. E, a partir daquele dia iniciei um caminho de cura profunda. Essa mesma ministra de Eucaristia, ao me encontrar depois, me propôs rezar por mim e ao final da oração, ela disse: Você tem traumas gestacionais.

Não sabia o que significavam aquelas palavras, mas aceitei fazer um acompanhamento de cura interior por 2 anos. Uma cura profunda que precisei passar para curar esses traumas gestacionais. Foram nesses, momentos de oração, que, descobri que durante meu quarto mês de gestação, meu irmão de 19 anos teve um infarto fulminante. Essa morte repentina foi de grande susto para minha mãe e para toda a minha família. Daquele dia em diante, minha mãe e, consequentemente, eu, vivemos um luto profundo e um grande desejo de morte. Ela dizia, muitas vezes, que filho não devia morrer antes do pai ou da mãe. Que ela tinha que ter morrido e não ele. Essas palavras de profunda dor invadiram minha alma. O bebê não tem consciência para entender racionalmente que aquelas palavras e sentimentos não eram referentes a si. Tudo que acontece com a família e, principalmente, com a mãe afeta diretamente o bebê, físico, emocional e espiritualmente. Foi nesse caminho de cura que Deus visitou profundamente meu ser e foi me libertando de todas as áreas de morte. Fiz uma promessa a Deus que eu consagraria minha vida a Ele para ir ao encontro de todos aqueles que perderam o sentido da vida, que eu queria ser anunciadora da vida. E assim fiz! Desse ano em diante minha vida foi entregue ao serviço do Senhor neste carisma Água Viva.

Mas ainda trazia um grande questionamento a respeito da minha vida: Por que que eu fui tendo tantas enfermidades? Uma após a outra e não eram enfermidades simples como gripe ou outras doenças de infância que toda criança normalmente tem. Eu tive muitas coisas diferentes que me levaram para cirurgias urgentes e graves de formas repentinas. Fui várias vezes surpreendida com essas enfermidades sem passar por um processo de adoecimento "normal" e vários diagnósticos vinham com ameaças de morte.

Isso tudo tinha ligação direta com o meu processo inicial de vida. As minhas células estavam sendo formadas num momento em que a minha mãe estava recebendo um dos grandes impactos da vida. Um jovem super saudável, que era atleta, soldado e um dia sofreu uma parada cardíaca. Minha mãe, grávida de 4 meses, recebe essa notícia. Imagine a dor de perder um filho e ter que dar conta de uma gestação? Minha família foi tomada por uma dor terrível e repentina. Muitos acham que o bebê ficará inerte a tudo o que está acontecendo, como se no ventre ele estivesse totalmente independente, isolado do que está acontecendo fora. Mas a verdade é que o bebê recebe da mãe todos os nutrientes para crescer e sobreviver. Como não receberia também todas as influências emocionais e espirituais?

Quando o nosso corpo físico passa por uma situação traumática, fisicamente ficamos abalados, a imunidade cai, as nossas células de defesa também ficam abaladas, vitaminas, ferro são afetados. Isso já é comprovado cientificamente! Imagine numa gestação em que a mãe já necessita de ter nutrientes para ela e para o bebê? O bebê também vai ter carências físicas, emocionais e espirituais naquele momento.

Na minha vida, houve grandes carências nesse momento, pois a mãe que estava até então voltada para o bebê não tem mais tempo para curtir, pra viver aquela gestação, foi tomada por terríveis sentimentos de morte, de desespero, tristeza, estava com a cabeça em um outro momento. Então, é óbvio, que as minhas células foram impactadas. Isso justifica? Quantas enfermidades me rondaram com essa sombra de morte? Foi isso que me rondou dos meus quatro meses na barriga da mamãe até os meus dois anos de vida, pois foi esse, mais ou menos, o tempo em que a minha mãe viveu uma profunda tristeza. Esse período é fundamental para a saúde física, emocional e espiritual de uma pessoa.

Mas, ao mesmo tempo, esse momento me trouxe muitas coisas positivas. Minha mãe dizia: "filha você foi o meu remédio, você foi a força pra eu sobreviver. Não precisei de medicação nenhuma, pois eu pensava em você e tinha força". Recebi a garra de minha mãe, a força para superar, a coragem de enfrentar seus maiores medos e um amor que nos leva além de nossas forças. Eu vi ali, na barriga da minha mãe, a luta, o esforço dela para reconstruir a vida, para continuar. Eu também fui absorvendo essa força que não para, que não desiste. Tudo aquilo que passamos vai deixando impressões positivas e negativas. Isso também forjou o meu emocional, o meu temperamento e as minhas virtudes. Aprendi, desde o ventre da minha mãe, a não parar diante das dificuldades, a não desistir.

O que será que você precisa compreender de você a partir desse primeiro momento? Tudo que você passa te marca, o que você passou em sua fecundação, gestação e nascimento são a base de sua vida.

Muitos estão tentando tratar suas questões buscando respostas somente no presente. Buscam um terapeuta, buscam a oração, mas apenas olhando o hoje. **É preciso visitar o passado, para entender o presente e reescrever o futuro.**

Muitos me perguntam: Por que eu tenho medo de falar, medo do escuro, eu tenho uma crise de pânico, mas por quê? Por que que isso se instalou em sua vida? Por que isso e não outra coisa? Por que medo de escuro e não de altura? Por que medo de um bicho e não do outro? Por que um pânico e não uma alergia? Por quê? Por causa da base que cada um teve! Você precisa buscar recursos em sua base primária. E, quais foram os recursos que estavam lá em sua base? O que você recebeu? Quais foram as forças e as ausências de forças? O que você recebeu desde o ventre? Quantas famílias, por exemplo, no momento de dificuldade financeira engravidam. Essa tensão, a preocupação de mais um filho, os inúmeros pensamentos de dúvida, de medo, de insegurança fazem com que o bebê comece absorver medos, tristezas, ansiedades, inseguranças e inúmeros registros que distorcem a força de vida desse bebê. Ao absorver aquela sensação externa, começa a intuir, traduzir as situações e concluir coisas a respeito de si, dos outros e do mundo. Aquela sensação de instabilidade, de medo do financeiro, medo do futuro, medo da morte, medo de perder, podem ser medos que os pais podem ter tido e não medos "pessoais".

Atendi uma pessoa que estava num quadro de muito esgotamento, irritabilidade, excesso de trabalho e ausência total de lazer e descanso. Perguntei qual a real necessidade de trabalhar tanto e a resposta foi: "medo que falte alguma coisa". Devolvi com outra pergunta: se faltou em algum momento de sua vida e como foi este momento? Surpreendentemente, a resposta foi de que nunca havia faltado nada e que Deus havia sido sempre muito bom e providente. De onde terá vindo esse medo? Em oração, pudemos ver que esse bebê sofreu com uma forte insegurança dos pais por não ter condições financeiras para criá-lo, e uma ameaça de aborto por essa dificuldade financeira na família. Esse bebê foi compreendendo que precisava trabalhar muito, não dar trabalho a ninguém e que qualquer ameaça financeira gerava nele uma terrível sensação de morte.

Se a mãe, por exemplo, tem medo de contar para o pai a respeito da gravidez, aquele bebê pode trazer um medo enorme do novo, o medo de ser rejeitado, o medo de não agradar, entre outros.

Tem pessoas, que, por exemplo, nasceram de fórceps.

O nascer de fórceps traz uma grande força de Deus, pois esse bebê estava correndo sérios riscos, mas Deus quis essa vida. Então, existe um querer forte de Deus a teu respeito. Se você já teve um nascimento assim, existe uma luta externa pra você nascer. Isso traz propósitos muito fortes de vida, é como se o mundo estivesse dizendo: "Precisamos de você, vamos fazer de tudo para que você nasça!". Há uma força grandiosa pelo teu nascimento. Mas, ao mesmo tempo, existe algo que fez esse bebê ter esta dificuldade de nascer. Algo fez esse bebê ter medo de nascer, medo de progredir, medo de falar, medo de aparecer, medo de agir, medo de crescer, medo de atrapalhar, de incomodar. Percebe que muitos podem ser os sentimentos daquele bebê diante de uma situação? Alguma coisa vai estar totalmente vinculada ao fato de querer ficar quietinho dentro da barriga da mamãe. Por que eu tenho que ficar aqui? Por que eu tenho que ficar com a mãe? Por que eu tenho medo de sair e enfrentar o mundo? O que será que eu ouvi ou senti? O que eu entendi disso?

Você deve estar se questionando: Como fazer esse processo de cura? Como saber da minha gestação? Eu posso fazer essa investigação? E o que eu preciso fazer? Comece essa investigação perguntando aos seus pais, tios, primos ou irmãos a respeito de sua gestação. Deixo algumas perguntas que podem te ajudar:

Como estavam os teus pais quando se conheceram? Quando eles engravidaram de você? Como é que estava o casamento? Como é que estava a situação financeira? Aconteceu algum evento enquanto a mãe estava grávida? Seu pai esteve presente ali durante a gestação? Como é que foi a recepção de todo mundo quando soube que a mãe estava grávida? Como foi a descoberta do sexo? Se era menino, se era menina? Era mais de um filho, qual filho? Primeiro, segundo, terceiro filho, décimo? Isso faz muita diferença. O primeiro filho está inaugurando a Família. Como foi isso na época? O último filho está encerrando um ciclo, como foi esse processo? Tente ir fazendo essa leitura da sua história e depois disso siga os passos de cura:

Primeiramente, peça a São Rafael que esteja com você neste caminho e apresente tudo que anotou em sua investigação familiar. Lembre-se que São Rafael leva ao Trono de Deus nossas necessidades.

Faça esta quaresma de São Rafael pedindo a cura de toda a sua história e clame o Sangue de Jesus que lave toda a sua história.

Caso perceba que precisa de um acompanhamento mais profundo procure a Comunidade Água Viva e faça um retiro de cura profunda ou o curso Nascer de Novo.

Sua pergunta agora pode ser: Raquel, mas é possível transformar?

Sim, primeiro porque Deus te quer livre, feliz e curado. Depois, porque ao mergulhar nesse momento de sua gestação você encontrará também momentos muito especiais de superação, força e muito amor. Por trás de todos os traumas e medos de seus pais, tem amor envolvido e doado. Como trazemos em nós o pecado original, temos uma tendência de fixarmos, inconscientemente, naquilo que foi negativo. Mas o caminho de cura trará também momentos muito profundos e belos que você viveu, fortalecendo virtudes e trazendo saúde física, emocional e espiritual.

CAPÍTULO V:

Mas nem tudo…

Além da gestação, ainda existe outra realidade muito presente em nós, mas que também muito pouco damos atenção: é o que recebemos das nossas linhas de família paterna e materna, ou o que chamamos de heranças familiares.

Temos ciência que "recebemos" de nossos pais a cor dos olhos, da pele, o formato do nariz, do cabelo, ou até alguma forma de ser. Mas, recebemos deles muito mais do que isso. Nossa história familiar nos molda em muitos aspectos: físicos, psicológicos, emocionais e espirituais.

Existem famílias que têm o "legado" de algumas doenças como câncer, AVC, hipertensão arterial, diabetes, entre outras. Essa é uma situação que tocamos de forma mais clara. Alguns passam até a se cuidar melhor quando sabem do seu histórico de saúde familiar, pois, a partir desse conhecimento, entendem que têm o risco aumentado de desenvolver determinadas doenças. Quer dizer, não é certo que terá aquela doença, mas têm propensão, ou seja, têm uma chance maior.

Assim também acontece com os aspectos psicológicos, emocionais e espirituais. Nós recebemos de nossos pais, características que se expressam em nosso jeito de ser. Acabamos, muitas vezes, "nos vendo" em nosso pai ou em nossa mãe, no jeito de falar, no jeito de se expressar, no jeito mais calmo ou mais explosivo de ser, no jeito paciente ou mais ansioso diante das situações da vida, e quando estamos dispostos a fazer uma pesquisa mais profunda, percebemos que os pais dos nossos pais, e os pais de seus pais, etc., tinham características semelhantes. Situações que aconteceram há gerações moldam a forma das pessoas da mesma família entenderem o mundo, moldam a forma das pessoas da família de resolverem seus conflitos e expressarem suas emoções.

Por exemplo, conhecemos famílias em que todos têm o perfil de serem mais fechados, falam baixo, mais silenciosos, outras famílias já são compostas, em sua maioria, por pessoas mais extrovertidas, falam mais alto, brigam mais, tem família que não sabe resolver os seus conflitos, pessoas que não lidam com suas diferenças, enfim, cada família tem uma forma de se expressar e viver. Agora mesmo você pode fazer uma rápida análise, como na sua família: se resolvem os conflitos? Se expressa a raiva? Como é a forma de expressar o amor? Você pode perceber que, apesar de algumas diferenças, de uma maneira geral todos tem um perfil semelhante.

É possível ainda, que os nossos avós, bisavós, tataravós etc., tenham trancado lá no fundo do coração suas experiências sofridas, tenham guardado suas mágoas, seus pecados, tudo aquilo que foi difícil, sem se darem conta da importância de olhar para dentro de si e tratar suas dores. É uma tendência que temos de deixar as experiências dolorosas da nossa vida "trancadas" num "porão", numa "caixinha preta" dentro de nós.

Só que tudo aquilo que a gente vai escondendo, vai guardando lá no fundo de uma "caixinha preta" tende a nos adoecer e nos influenciar de uma forma negativa, porque tudo aquilo que está oculto, diz a palavra de Deus, fica sob posse do Diabo. Deus só pode agir sobre aquilo que vem para a luz, só na verdade que Deus pode trabalhar. E é isso que, muitas vezes, acontece. Provavelmente, os nossos antepassados trancaram muitas coisas nos seus "porões" e morreram sem resolver, sem pedir perdão, sem reparar aquele ato e, a partir do momento que não tem pedido de perdão, não tem reparação, não tem arrependimento, aquele mal continua a pesar sobre a família, vai sendo herdado de geração em geração como se fossem codificados no sistema das gerações futuras, e seus membros têm mais propensão a escolher os mesmos atos. Não é uma imposição, como se não tivéssemos escolha, mas existe uma tendência a sofrer do mesmo peso, uma influência maior, a seguir o mesmo caminho. É como se tivesse uma força nos impelindo a agir de determinada forma.

É muito comum, por exemplo, as famílias ignorarem e não falarem sobre o assunto de suicídio, de aborto, dificuldade de engravidar, divórcios, traições, de mortes violentas, entre outros. Por muitos motivos, algumas famílias escolhem esconder esses assuntos e pecados, e os mantêm em seu meio familiar como "esqueletos" escondidos no "armário". E, por estarem ali trancados, não podem ser curados, porque deixamos nossa história fora da mão e da intervenção de Deus. Sendo assim, esses "esqueletos" são como brechas ou aberturas para os espíritos malignos agirem em nós e em nossa história familiar, ficam escondidos, e aí eles agem como sombras em nossa vida, e na vida de cada nova geração de nossa família. Preste bastante atenção neste detalhe: tudo que está ali escondido, "trancafiado no armário" tem poder de, ocultamente, agir em nossa vida, e em toda a nossa família, a partir daquele ocorrido.

Através desse caminho que mostrei, muitos espíritos maus podem ter ação em nossa vida e história familiar, entre eles o espírito de morte.

Por exemplo, quando uma pessoa morre com ódio e não perdoa, isso é uma abertura, é uma brecha para que o espírito maligno de morte se aloje em nossa vida. Esse espírito de morte pode causar enfermidades físicas, ele pode causar enfermidades psicológicas, ele pode instigar o medo, ele pode causar uma autodefesa, ele pode causar o próprio ódio, automutilações, e outras séries de problemas em nossa linha de família.

Por exemplo, certa vez, eu atendi uma mulher que tinha um medo muito grande, era um medo irracional de homem. Ela não conseguia ter um relacionamento, ela entrava em pânico só de pensar em ficar em um mesmo ambiente com um homem. Nos acompanhamentos avaliamos que os traumas que ela possuía não justificavam aquele medo, foram feitas várias orações, vários acompanhamentos, porém nada curava aquela mulher. Até que, em uma oração de libertação, Deus revelou um trauma da bisavó, um trauma não resolvido. Essa bisavó sofreu muito com um homem que fez muito mal a ela. E, a partir dali, essa mulher declarou que não confiava mais em homem nenhum. Ela ensinou a suas filhas e as netas que deviam se proteger dos homens e não confiar em nenhum deles. Isso foi passando de geração em geração e gerando uma família de mulheres solteiras. Mulheres que não conseguiam estabelecer relacionamento. Algumas que conseguiram estabelecer algum tipo de relacionamento, rapidamente se divorciaram. Essa mulher, em oração, se colocou ali, em nome de sua bisavó, pediu perdão, rezou, quebrando esse mal, perdoando este homem e o Espírito Santo foi guiando poderosamente essa oração retirando esses esqueletos do armário, expulsando todos os demônios oportunistas e, por graça de Deus, essa mulher finalmente se viu livre desse trauma da sua bisavó.

Portanto, se queremos ser pessoas melhores e mais equilibradas, precisamos olhar para a história de nossos antepassados, porque, se eles faleceram sem resolverem suas emoções, seus pecados e dores, toda a família receberá as influências dessas "codificações". Quando se enfrenta sadiamente um acontecimento, e se coloca tudo debaixo da ação de Deus, é encerrada a ação daquele mal na nossa vida! E, mesmo que seja uma situação hereditária, é possível ver a situação mudar em nós. É possível alcançar a cura e a restauração que tanto buscamos e necessitamos. Porque Deus pode ir lá no fundo da nossa história, Ele pode trabalhar através das gerações. Assim como Sara e sua família eram perturbadas por Asmodeu e foram libertas por intervenção de São Rafael, assim você também pode libertar-se e a toda sua história familiar. Pela intercessão de São Rafael, peçamos a Graça da cura de nossa história.

CAPÍTULO VI:

O medo que te paralisa ou te protege?

Inicie este momento clamando o auxílio de São Rafael:

"Glorioso Arcanjo São Rafael, que vos dignastes tornar a aparência de um simples viajante para vos fazer o protetor do jovem Tobias. Ensinai-nos a viver sobrenaturalmente elevando sem cessar nossas almas, acima das coisas terrenas.

Vinde em nosso socorro no momento das tentações e ajudai-nos a afastar de nossas almas e de nossos trabalhos todas as influências do inferno. Ensinai-nos a viver neste espírito de fé que sabe reconhecer a misericórdia Divina em todas as provações e as utilizar para a salvação de nossas almas. Obtende-nos a graça de uma inteira conformidade à vontade Divina, seja que ela nos conceda a cura dos nossos males ou que recuse o que lhe pedimos. São Rafael guia protetor e companheiro de Tobias, dirigi-nos no caminho da salvação, preservai-nos de todo perigo e conduzi-nos ao Céu.

São Rafael Arcanjo, rogai por nós. Amém."

O medo é uma emoção básica (como citado no capítulo III, é amoral, não é boa nem ruim, a grande questão é como lidamos com ele e todas as demais emoções), e tanto o medo, quanto a raiva, a tristeza, normalmente são caracterizados como emoções ruins, mas é necessário aprender o lugar positivo dessas emoções também, pois tudo que Deus colocou em nós é para nossa boa vivência. Mas aqueles que mal as utilizam, verdadeiramente, podem adoecer. Vamos adentrar no entendimento da emoção MEDO: Imagine se você estivesse diante de um leão, de um urso, de um bicho perigosíssimo. Se você não tivesse medo, o que você faria? Ficaria parado ali, olhando, não teria nenhum sentimento de ameaça, logo, você não iria correr, não iria se proteger, não iria se defender, poderia ficar ali e ser atacado pelo animal. Quando você está, por exemplo, em cima de um penhasco é aquele "medo" da altura, aquele "friozinho" na barriga, aquele "medinho" que faz com que você pare e seja prudente!

Certo dia, estava com a Comunidade Interna, em um dia de descanso. Passeando numa praia, fomos convidados a fazer um rapel. Nunca tinha tido essa experiência e lá estávamos todos muito animados, mas também com um certo medo de descer a pedra. O instrutor foi orientando a cada um, o que fazer e como fazer. A maioria estava com medo, mas um medo que não paralisava, ao contrário, gerava muita prudência, tanto que tínhamos grande atenção às orientações. Havia um ponto em que a pedra tinha uma grande inclinação e precisávamos parar e olhar para o instrutor para receber as novas coordenadas e, mesmo com o coração acelerado, pernas tremendo, todos conseguiram cumprir a atividade, e havia festa a cada um que chegava. No entanto, uma do grupo, desde o início insistia em dizer que ela não tinha medo de nada e não estava preocupada com as instruções, pegou o equipamento e foi descendo. Mas, quando chegou no ponto em que precisava parar para ouvir as novas instruções, ela não parou e, o resultado foi que ela desequilibrou, rolou na pedra, bateu em vários cactos e desceu toda ralada e furada. O que essa experiência nos ensina? O medo precisa estar de forma funcional e equilibrada para não nos colocar em risco e, ao mesmo tempo, não nos paralisar atrapalhando e bloqueando nossa vida.

O medo nos faz ter mais cautela, ele nos protege, nos faz fugir dos perigos e nos ajuda a criar estratégias de defesa. Se você ouve um barulho fora de casa, rapidamente, já chama alguém, tranca tudo e acende as luzes. Todas essas ações são "acionadas" pela emoção medo. O medo foi dado por Deus com finalidade de nos proteger, gerando em nós reações de fuga ou luta.

Precisamos entender e aceitar, primeiramente, os medos que são naturais. O medo é natural e saudável. Todo mundo tem medo e precisa ter. É uma emoção dada a todos. Todas as pessoas trazem em si, essa emoção do medo, até aquela pessoa que parece mais corajosa, traz a emoção do medo. O que pode acontecer, é que ela consiga transformar esse medo em coisas muito positivas para ela, e este é o caminho que você irá trilhar neste livro: Retirar o que te escraviza e utilizar tudo em seu favor!

A forma como nossa família reage ao medo acaba sendo a nossa primeira escola. Quando uma criança chega a casa chorando dizendo ter brigado com os colegas ou por ter ouvido alguma crítica, é comum os pais dizerem: "Deixa de bobeira, vira homem! ou Deixa de bobeira, cresce! Engole esse choro e responde a eles também ou deixa eles pra lá". Essa reação dos pais, ou reações semelhantes a essa, faz com que tenhamos muita dificuldade com nossas emoções e sentimentos. Frases como essas podem bloquear as nossas emoções e classificá-las como desnecessárias ou até bobas. Os pais deveriam acolher e ensinar que aquele sentimento é tristeza, raiva ou medo, que não há problema sentir isso ou chorar. Deveríamos aprender a identificar e equilibrar as nossas emoções e sentimentos ainda na infância, mas muitas vezes nem nossos pais foram ensinados e, consequentemente, são bloqueados em suas emoções. Como sua família lida com as emoções? Você se lembra como isso foi desenvolvido em sua infância?

Como dissemos no capítulo V, precisamos avaliar também as heranças familiares que recebemos. É necessário olhar para a sua linha de família, para sua história familiar, sua árvore genealógica e analisar se este padrão de medo, pânico, desespero, fobias estão presentes. Esses sintomas podem ser transmitidos de geração em geração, gerando um padrão patológico de família. Já falamos também sobre a seriedade de conhecermos nossa gestação, mas quando falo desta emoção, medo, preciso tornar a falar desse assunto. Existem medos que foram gerados em nós quando estávamos na barriga da mãe. A gestação, apesar de poucos saberem pessoalmente da sua, é um dos momentos mais importantes da nossa vida. São esses meses que vão formando todo o ser, físico, emocional e espiritual. O que muitas pessoas não imaginam é que tudo que acontece aos pais afeta o bebê, tudo que acontece ao entorno dos mesmos, sejam situações positivas ou negativas, como: brigas, traições, acidentes, quedas, desemprego, divórcios, doenças, mortes, enfim, tudo afeta o bebê, e podem gerar enfermidades emocionais como síndrome do pânico, transtorno compulsivo obsessivo, transtorno de ansiedade, transtorno de ansiedade generalizada, fobias, depressão ou excesso de medo em algumas situações e realidades. Partilho com você um dos meus medos. Desde pequena trago um grande medo de tomar susto. Nunca gostei daquelas brincadeiras de ficar atrás da porta, de dar susto, de aparecer de repente, daqueles palhaços que vinham com bolas e estouravam. Isso sempre me desequilibrou. Fui desenvolvendo um medo muito grande. O medo de quem está atrás da porta, o medo de escuro, medo do palhaço, uma série de medos, que até então, não se sabia o porquê. Medo de parque de diversões, medo de brinquedos em que apareciam aqueles bichos dando sustos. Privava-me de estar em qualquer um destes lugares. Isso acabou me paralisando e mudando muito meu comportamento. Mas é preciso perguntar: onde esse medo iniciou? De onde vem isso? Comecei a rezar pedindo que São Rafael me ajudasse a retirar essas algemas que me prendiam, me paralisavam. Deus me revelou que quando eu estava na barriga de minha mãe, ela viveu um momento muito forte, uma dor que de repente transtornou sua vida. A notícia foi assustadora, e esse susto, eu absorvi profundamente na barriga dela, porque realmente foi algo traumático para minha mãe. Tudo que poderia me causar qualquer tipo de perda, susto, de insegurança, eu afastava para longe e entrava em desespero. Enquanto eu não identifiquei a origem, eu não me curei. Muitos questionavam: mas você está com medo de quê? Qual o problema? O que pode acontecer? Você já se viu diante de uma situação em que o medo toma conta de seus pensamentos e muitos não compreendem e até acham exageradas suas reações?

Todos os nossos bloqueios provêm de algum trauma ou registro negativos. Podem parecer para os outros medos "bobos ou infantis" mas apenas quem sente sabe o quanto internamente aquele sentimento é grande. Muitos até sentem vergonha de dizerem seus medos por acharem que os outros irão criticar ou menosprezar. É preciso se questionar: por que tenho medo disso? De onde vem isso? É possível se libertar! Hoje, no meu caso, sou apaixonada por parque de diversões, faço muitas aventuras, adoro circo. Tornei-me, até muito aventureira, mas isso é um processo de cura. É possível!

Vou te levar a perceber que existem medos inconscientes. Existem coisas que temos medo, mas estão tão profundos dentro de nós, medos patológicos tão profundos, que não identificamos claramente e vamos vivendo essa prisão, nessa escravidão, e nem sabemos.

Quantas pessoas já atendi, com medo de ser feliz?! Você poderia dizer que todo mundo quer ser feliz! Por incrível que pareça, existem pessoas que, diante de situações da vida, nunca conseguem experimentar a verdadeira alegria, a verdadeira felicidade, e chegam até a dizer: por que não consigo ser feliz? Por que não posso ser feliz? Por que não sinto essa realização? Você sabia que é possível que você mesmo se blinde de experimentar a felicidade? Temos medo de ser bem-sucedidos, de sermos felizes, medo do que os outros vão falar se eu for bem-sucedido, medo de ser o diferente da família, enquanto muitos da família não se deram bem. Medo de conquistar, medo de aparecer, medo de crescer, medo de amadurecer, medo de constituir a própria família. Já atendi pessoas que diziam que sonhavam com o casamento, com um marido, com uma família, mas nunca conseguiam concretizar nem um namoro. Depois de algumas orações perceberam que lá no fundo, tinham um medo tão grande de se envolver em um relacionamento, que eles próprios bloqueavam qualquer possibilidade dessa graça chegar na própria vida! O medo de engravidar, o medo de não ser uma boa mãe, um bom pai, de ter condição financeira... são medos que podem estar tão escondidos dentro de nós e nem percebemos.

Qual a área da sua vida que você percebe um pouco bloqueada(o)? Por que não consigo crescer profissionalmente? Por que não consigo me relacionar? Vai prestando atenção, qual a área que pode estar bloqueada em sua vida? Já apresente a São Rafael para que ele leve até o altar de Deus seus pedidos e necessidades, assim como fez com Tobit e Sara.

Por isso, primeiramente para se ver livre desses medos doentios é necessário identificá-los. Quais são os medos, que hoje, são negativos em sua vida? Tente identificar: De onde será que esse medo pode estar vindo? Será que outras pessoas da minha família sentem o mesmo medo? Será que sou só eu? Será que passei por alguma coisa que pode ter me gerado esse medo?

Não temos que nos libertar ou curar do medo, mas daquilo que fez essa emoção ser identificada de forma negativa.

É necessário **LIBERTAR-SE DA PARALISIA,**

LIBERTAR-SE DO QUE TE PRENDE, LIBERTAR-SE DO QUE TE LIMITA, LIBERTAR-SE DE TODA ALGEMA QUE FOI COLOCADA EM VOCÊ.

Quando esse medo se torna patológico, você vai se colocando algemas, ou deixa que essas sejam colocadas em você, te bloqueando de fazer coisas que fazia ou que gostaria de fazer, enfim, esse medo patológico vai paralisando e bloqueando sua vida. São Rafael estará contigo, será um grande amigo e um grande auxílio. São Rafael, rogai por nós.

"Glorioso Arcanjo São Rafael, meu protetor, dignai-vos interceder por mim diante de Deus, a fim de que Ele me conceda a graça que suplico de me libertar de tudo que me paralisa. Favorecei-me, ó Santo Arcanjo, como favorecestes São Tobias. Amém"

Oração de cura na gestação:

Escaneie o QR Code e ouça

CAPÍTULO VII:

Como se libertar das amarras do medo?

Todos nós temos medos a enfrentar, medos que parecem grandiosos e impossíveis de serem superados. No livro de Samuel encontramos a história de Davi, que antes de ser Rei, era pastor de ovelhas. Ele foi escolhido para ser o novo Rei de Israel. Mas, antes de assumir esse reinado, teve que levar mantimento a seus irmãos no acampamento militar. Quando ele chegou ao acampamento, notou que tinha algo acontecendo e que muitos estavam dominados pelo medo. Diante de sua curiosidade, perguntou a um soldado o que estava acontecendo e este lhe disse que estavam diante dos filisteus e que precisavam enfrentá-los, mas entre eles havia Golias, um gigante de 4 metros. Os filisteus queriam que algum soldado de Israel viesse lutar com Golias, mas nenhum deles tinha coragem para enfrentá-lo. Davi, mesmo pequeno e sem armas, entrou com tudo que tinha e com a certeza que venceria Golias. Ele usou uma espécie de estilingue, jogando pedras na cabeça de Golias e derrotando-o cortou-lhe a cabeça. O rei Saul ofereceu armadura e armas, e em um primeiro momento Davi aceitou, mas depois percebeu que não conseguiria usá-las. Ele optou por usar suas próprias armas. Ouviu muitos insultos de Golias, dos filisteus e até o descrédito dos soldados de Israel, pois quem era esse menino até aquele momento? Apenas um jovem pastor de ovelhas que nada sabia de luta.

Quantos medos se colocam diante de você? Quantos Golias estão tentando te oprimir e te acovardar?

Quantos filisteus estão te insultando e tentando fazer você acreditar que não é capaz?

Não adianta tentar vencer a batalha usando armas que não lhe pertencem. Se você quer vencer suas batalhas, comece por utilizar sua própria história e utilizar as armas que estão em sua própria mão. Pode ser que, aos olhos dos outros, a sua história não tenha solução, que suas armas pareçam inapropriadas, mas não fique preso(a) no que dizem a teu respeito, comece a aceitar que existe uma força dentro de você para vencer suas batalhas. Também em Tobias podemos encontrar a mesma resposta:

"O jovem partiu, e com ele o anjo. Puseram-se ambos a caminho até que alcançou a primeira noite. Acamparam então as margens do rio Tigre. Tobias desceu para lavar os pés no rio, quando um peixe enorme, saltando da água, quis devorar-lhe o pé. Tendo ele gritado, o anjo lhe disse: 'Agarra o peixe e não o deixes escapar!'" (Tb 6, 2.4)

"Uma forma de se libertar do medo é enfrentá-lo!"

Não existe uma forma de curar-se, de se libertar das amarras do medo se você fugir dele. A forma de curar é enfrentá-lo. Davi enfrentou seus medos, assim como Tobias aprendeu com São Rafael a enfrentar seus medos. Seja o medo de ir por uma estrada desconhecida, o medo de ser devorado pelo peixe, o medo de se casar com Sara, o medo de perder seus pais. Ele iniciou o caminho diante do episódio do peixe no rio. A ordem do Arcanjo foi não fugir e não se afastar do peixe, mas, pelo contrário, agarrar e matá-lo. Todas as vezes que você esconde seus medos ou foge deles, eles irão te dominar. Os medos podem se tornar tão grandes ou até gigantes te fazendo acreditar que nunca vai conseguir se libertar. Quantos já disseram: "Nunca vou conseguir vencer isso. Nunca vou conseguir mudar isso. Raquel, esse medo é mais forte do que eu".

O primeiro passo que se faz necessário para se libertar das amarras do medo é acreditar que você pode vencê-lo, mas se continuar a repetir que não é possível e que não vai conseguir, certamente Deus não poderá fazer nada em sua vida. Lembre-se que a coragem não é a ausência do medo, a coragem é o enfrentamento do medo. Essa virtude se adquire cada vez que você enfrenta seus medos. Muitos dizem que não são corajosos, mas esquecem que a coragem precisa ser desenvolvida dentro de nós e este é o caminho. Por isso se alegre, pois ao final deste livro, além de se ver livre das amarras do medo, você sairá muito mais corajoso.

Quantas coisas você tem negado a Deus por causa dos seus medos? Quantas oportunidades você tem tido e tem recuado por causa do seu medo? Quantas vezes o medo de errar te impediu de dar passos? Quantas vezes o medo de falar te fez perder pessoas e oportunidades? Quantas vezes o Senhor já colocou promessas em sua porta, mas você não teve coragem de abrir? Você não sabe o que poderia ter acontecido se tivesse enfrentado esse medo. Deixe esse questionamento te inquietar a ponto de despertar em você a coragem para dizer: eu vou enfrentar isso, eu vou superar esse medo, eu vou superar esse medo, eu vou falar, eu vou dar passos, eu vou dirigir, eu vou subir… Declare agora quais medos que você vai enfrentar! Agarre o peixe, eis a ordem do Anjo.

"Por esse motivo, exorto-te a reavivar, o dom espiritual que Deus depositou em ti, pela imposição de minhas mãos! Pois Deus não nos deu um espírito de medo, mas um espírito de força, de amor e de sobriedade!" (2 Tm 1,6-7)

Deus não nos deu este espírito de medo, de covardia. Deus não colocou essa emoção em nós, para que ficássemos escravos! Ele nos deu um espírito de força, de amor, de sobriedade!

Em Romanos 8, 15-17, podemos complementar: "Com efeito, não recebestes um espírito de escravos, para recair no medo, mas recebestes um espírito de filhos, filhos adotivos, pelo qual clamamos Abba-Pai! O próprio Espírito se une a nosso espírito para testemunhar que somos filhos de Deus! Se somos filhos, somos também herdeiros! Herdeiros de Deus, co-herdeiros de Cristo, pois sofremos com Ele, para também com Ele sermos glorificados!".

Deus te diz: "Você é filho(a), e eu te dei um espírito de força!".

Perceba o quanto você deu vazão, até hoje, para que esse medo cresça em você como gigante te escravizando e bloqueando. Deus está te questionando: Você confia que Eu estou ao teu lado? Você confia que Eu que te chamei a vida e te capacitei? Você confia que fui Eu que te coloquei nesse lugar, com essa família, com esses filhos? Que fui Eu que te coloquei nessa empresa, fui Eu que te coloquei nessa comunidade, fui Eu que te dei esses dons?

Você pode se questionar: Mas será que eu consigo? Será que algo vai mudar em minha vida? Deus te devolve a pergunta: Você confia em Mim ou não? Você confia Naquele que te capacita e que te chama? Ou não? Aonde você tem colocado a tua força? Você tem colocado a tua força nos teus medos?

Aprenda a Vencer seus medos

Aprenda a vencer os seus medos colocando sua confiança no Senhor. Pare de olhar para os gigantes que estão a tua frente, aceite que Deus colocou em você uma grande força para vencer seus inimigos. Deus quer te ver vencendo o medo do fracasso, o medo da morte, o medo da pobreza, o medo da falta de saúde, o medo de perder pessoas, medo do futuro, medo de altura, de avião, de escuro, medo da solidão… porque Ele não te deu um espírito de medo, mas de poder, amor e autodomínio (cf. 2Tm 1, 7)

Aprenda a vencer seus medos identificando a raiz de cada um deles. Se questione de onde vem esse medo, cada um deles, e apresente a São Rafael mais uma vez.

De acordo com algumas linhas da Psicologia existem seis medos básicos que assolam muitas pessoas e que muitas vezes nem nos damos conta: medo da pobreza, medo de ficar velho, medo da crítica ou de errar, medo de perder quem se ama, medo da doença e medo da morte.

O medo da pobreza é um medo muito cruel. Por causa desse medo, principalmente, milhares de pessoas cometeram suicídio devido às dívidas, viveram divórcios, fizeram loucuras e se submeteram à vidas escravas. Mas a única forma de realmente vencer esse medo é colocar sua confiança no Senhor e curar as histórias passadas de pobreza (caso elas tenham acontecido). Sem fé não é possível vencer nada.

"Olhai as aves do céu: não semeiam nem ceifam, nem recolhem nos celeiros e vosso Pai celeste as alimenta. Não valeis vós muito mais que elas?" (Mt 6, 26). Se Deus cuida das aves do céu, quem dirá de nós humanos que somos seus filhos, feitos à Sua imagem e semelhança.

"Pois todo aquele que pede, recebe; aquele que procura, acha; e ao que bater, se lhe abrirá. Se um filho pedir um pão, qual o pai entre vós que lhe dará uma pedra? Se ele pedir um peixe, acaso lhe dará uma serpente? Ou se lhe pedir um ovo, lhe dará porventura um escorpião? Se vós, pois, sendo maus, sabeis dar boas coisas aos vossos filhos, quanto mais vosso Pai celestial dará o Espírito Santo aos que lho pedirem". (Lc 11, 10-13)

Portanto, não devemos ter medo da pobreza. O nosso Deus é dono do ouro e da prata e pode providenciar para que nada nos falte, mas é preciso sujeitar a Deus também sua vida financeira. Tobit entregou a Deus seus medos de faltar para sua família diante da cegueira e o Anjo Rafael veio em seu auxílio para buscar o dinheiro que ele tinha guardado com Gabael (Tb 4, 20) e ainda por cima fez com que Tobias se casasse com Sara e recebesse muitas posses. Tenha o hábito de falar com Deus e viver em intimidade com Ele, assim Ele enviará anjos para te ajudarem em seu caminho. Porque qualquer que pede recebe; e quem busca acha; e a quem bate abrir-se-lhe-á.

Outro medo que muito assola é o medo de ficar velho. Por mais estranho que pareça, é muito comum sofrer desse mal. Ele está ligado às nossas limitações, não queremos ficar limitados, dependendo de alguém, perder a capacidade de ir e vir. Queremos correr, brincar e estar dispostos sempre. Entretanto, devemos tomar cuidado com esse medo, pois ele é um aliado muito forte da depressão e da baixa estima. Muitos, quando se aposentam, sofrem muitos abalos emocionais e um dos motivos é a constatação da mudança de ciclo de vida. Esse é um medo que paralisa e acaba deixando muitas pessoas amargas.

Já atendi que já na juventude são assolados com esse medo precocemente.

"O cabelo grisalho é uma coroa de esplendor, e obtém-se mediante uma vida justa." (Pr 16, 31)

"Mesmo na sua velhice, quando tiverem cabelos brancos, sou eu aquele, aquele que te susterá. Eu os fiz e eu os levarei; eu os sustentarei e eu os salvarei." (Is 46, 4)

"Até na velhice eles darão frutos, continuarão cheios de seiva e verdejantes, para anunciarem quão justo é o Senhor, meu rochedo, e como não há nele injustiça." (Sl 91, 15-16).

Ao ler o que o Senhor diz na palavra, perceba a necessidade de entregar a Deus seu futuro e sua velhice, sabendo que, para todos os momentos de nossa vida, Deus tem propósito. Faça este caminho de aceitação de sua idade, de suas condições e oferte sua vida verdadeiramente ao Senhor.

O Terceiro medo que muitos trazem é o medo de ser criticado e o medo de errar. Esse medo é capaz de paralisar até os mais fortes homens da história. Muitos sonhos não foram realizados por esse medo. Insegurança e timidez podem ser derivadas desse tipo de medo. Já pensou se os grandes homens não tivessem vencido esse medo? Provavelmente, muita coisa não iria existir, pois o medo da crítica ia fazer as boas ideias serem sufocadas e, inegavelmente, ainda estaríamos na era das trevas. Quantos se paralisam pensando no que os outros irão falar, vão pensar e acabam não dando os passos que deveriam.

"Isto é uma ordem: sê firme e corajoso. Não te atemorizes, não tenhas medo, porque o Senhor está contigo em qualquer parte para onde fores." (Js 1, 9)

"Amplia o espaço da tua tenda, desdobra sem constrangimento as telas que te abrigam, alonga tuas cordas, consolida tuas estacas, pois deverás estender-te à direita e à esquerda teus descendentes vão invadir as nações, povoar as cidades desertas. Nada temas, não serás desapontada. Não te sintas perturbada, não terás do que te envergonhar, porque vais esquecer-te da vileza de tua mocidade. Já não te lembrarás do opróbrio de tua viuvez, pois teu esposo é o teu Criador: chama-se o Senhor dos exércitos teu Redentor é o Santo de Israel: chama-se o Deus de toda a terra." (Is 54, 2-5)

Deixe Deus visitar sua história e curar momentos em seu passado que você tenha sido fortemente criticado, perdoe as pessoas que te feriram e entenda que elas não sabiam o quanto estavam te fazendo mal com aquelas palavras. Se liberte desse trauma, pare de viver escravo dessas palavras malditas. Se liberte da culpa de ter errado em algum momento de sua vida, por mais que você queira ser perfeito, você nunca será. Liberte-se do perfeccionismo, esse é um forte caminho de adoecimento. Todas as vezes que você for assolado(a) por esse tipo de medo, lembre-se desta ordem: "Agarre o peixe e mate-o!". Declare que esses pensamentos não estão mais no centro de sua vida, que você não será mais escravo dessas ordens malditas, que não há problema se houver erro, mas que hoje você irá dar os passos que precisa e o Senhor estará contigo. Acredite e prossiga, não deixe mais espaço para esse medo.

Ele deseja ir nos lugares mais profundos fazendo essa transformação, onde em tua vida ainda esteja vivendo como escravo. Perceba que, em nenhum momento, o Senhor nos quer aprisionados. O filho de Deus, não foi criado para viver como escravo, para recair no medo! É o escravo que fica vivendo assolado de medo! Sinto Deus dizendo:

"Raquel, aprende a viver como filha! Aprende a viver como minha filha! Aprende a deixar com que Eu seja Teu Pai, o Pai que te cuida, o Pai que te ama! Raquel, aprende a viver na Minha Presença e no Meu Poder!"

É o Senhor dizendo isso para você também! Repita colocando seu nome, "A forma de curar-se do medo, é tornar-se e viver como filho e filha de Deus!"

O medo de perder o amor de alguém, o prestígio de alguém é o quarto medo que enumero. Esse medo já fez muitas tragédias, esse foi o medo que levou Caim a matar seu irmão Abel. Ele queria toda atenção de seu pai e isso foi o motivo que o levou matar seu próprio irmão. Esse medo faz homens se tornarem monstros e igualmente, faz homens fortes se tornarem fracos. O ciúme e a inveja estão intimamente ligados a esse medo. Pessoas que sofrem do medo de ser rejeitadas, de ser esquecidas, de não serem elogiadas, não terem o amor do outro precisam rapidamente se deixar curar pelo amor de Deus, somente o amor de Deus pode curar e nos livrar dessa escravidão de depender do excessivo amor das pessoas.

"No amor não há medo, mas antes o perfeito amor lança fora o medo; porque o medo envolve castigo e quem tem medo não está aperfeiçoado no amor." (1 Jo 4, 18) Quem ama não prende ninguém, ao contrário, liberta! Antes de amar alguém, devemos nos amar primeiro. O mandamento de Deus já nos ensina que devemos amar aos outros da mesma forma como nos amamos e aqui acontecem os grandes erros de relacionamentos. Primeiramente se ame e, naturalmente, atrairá o amor das pessoas, mas quando queremos suprir nossos vazios com o amor dos outros, não viveremos um relacionamento livre e saudável. Lembre-se que o amor de Deus é tudo e o amor das pessoas é presente Dele para nós, é complemento e não o centro.

O terrível medo da doença é algo que assola a humanidade, enumero como o quinto medo que mais encontramos. Dores, inatividade, deformações, perdas é algo que certamente ninguém quer passar ou sentir. A grande maioria das pessoas tem muito medo de ficar doente. Às vezes, por ter visto alguém nesta condição e ter gerado um trauma, mas muitas vezes é o medo de sofrer ou o medo do incerto que estão associados neste caso. Mas especificamente nestes medos é preciso cuidar de nossa mente, pois muitas pessoas ficam tão focadas nesse medo que acabam atraindo para si aquilo que mais temem.

"Um abismo chama outro abismo", já nos diz o Salmos 41, 7.

"Porque, como ele pensa consigo mesmo, assim é; ele te diz: Come e bebe; mas o seu coração não está contigo. Porque, como imaginou na sua alma, assim é." (Pr 23, 7)

A nossa mente precisa estar blindada para que esse medo não tome conta dos nossos pensamentos. Os nossos pensamentos são poderosos, por isso, precisamos cuidar do que deixamos ocupar nossa mente. Também são nos pensamentos que sofremos muitos ataques diabólicos. O Demônio não pode fazer muitas coisas em nossa vida, mas pode sugerir pensamentos diabólicos causando opressão, obsessão e muitas perturbações. Já atendi pessoas que iam ao médico constantemente dizendo ter uma doença, mesmo não tendo nenhuma alteração em exames e sintomas e inconformadas com a resposta do médico por não achar doença alguma. Já atendi pessoas que não iam a médico em hipótese alguma para não ouvirem nada sobre doença. Esse medo acaba por escravizar terrivelmente também. Tire a doença de sua mente. Viva uma vida sadia, escolha ser sadio. Afinal, você é filho de Deus.

O sexto tipo de medo é o medo da morte. A morte é o principal medo da humanidade. Todos seremos visitados pela morte, seja a nossa ou de alguém querido. Todos nós estamos sujeitos a ela, inegavelmente. Isso faz parte de nossa vida. Porém, para nós cristãos, a morte não é o fim e sim o começo da VIDA. Não precisamos ficar com medo da morte, mas sim viver a vida com toda força, santidade e amor. O medo da morte faz as pessoas ficarem presas, pois estão sempre achando que uma coisa ruim pode acontecer. Aqui se faz muito necessária a confiança em Deus e uma vida de intimidade com Ele.

"Disse-lhe Jesus: 'Eu sou a ressurreição e a vida. Aquele que crê em mim, ainda que morra, viverá; e quem vive e crê em mim, não morrerá eternamente'." (Jo 11, 25-26). Você crê nisso?

"Em verdes prados ele me faz repousar. Conduz-me junto às águas refrescantes, restaura as forças de minha alma. Pelos caminhos retos ele me leva, por amor do seu nome. Ainda que eu atravesse o vale escuro, nada temerei, pois estais comigo. Vosso bordão e vosso báculo são o meu amparo." (Sl 22, 2-4)

Espero que você medite nessas afirmações bíblicas. Certamente, esse é o remédio para você acabar de vez com o medo e ter uma vida de liberdade. Confie no Senhor, alinhe sua vida com a vontade Dele e seja livre e feliz! Termine este capítulo declarando a libertação em sua vida com a oração a seguir. É fundamental que você declare com tuas palavras e em alta voz:

"Primeiramente, eu acredito no Senhor que me capacita. Eu acredito no Senhor que me deu toda a força que eu necessito. Eu acredito no Senhor que me chamou. A glória Dele está sobre mim. Eu vou dar passos novos, em nome de Jesus e com auxílio de São Rafael. Eu vou me levantar, eu vou prosseguir, tenho um anjo amigo nesta jornada comigo. Diante desses medos (enumere aqui os que você identificou) eu declaro que pelo Sangue de Jesus, eu não vou mais ficar escravo desse medo. Eu renuncio em nome de Jesus. Agora eu renuncio a toda a crença que está tentando paralisar o meu processo a todo medo inconsciente e consciente que está tentando sabotar as minhas mudanças. Eu vou mudar porque o Senhor está aqui ao meu lado. Eu vou conseguir, eu vou chegar ao final, porque o Senhor está comigo como um valente guerreiro lutando pela minha vida, eu vou vencer porque a glória do Senhor está sobre mim. Eu vou confiar muito mais em Ti, Jesus, do que em mim. A Tua força é força em mim. E eu neste dia me abro a este processo de transformação. Eu declaro que eu estou dentro de um processo de transformação por intercessão de São Rafael Arcanjo, em nome de Jesus e pelo poder do Sangue de Jesus. Eu estou em transformação. Pode agir em mim Senhor poderosamente. Pode agir em minha mente e em meu coração poderosamente. Eu me abro a essa graça, eu me abro a este processo, eu me abro a esta transformação. Amém!"

CAPÍTULO VIII:

Como Sara superou o luto e a tristeza?

Sara viveu terríveis momentos diante do sonho frustrado de ter sua família, da tristeza de perder seu marido, da vergonha de perder outros seis, do jugo diabólico de morte que perseguia aquela família, do medo de perder outros, do medo de voltar a sonhar, da decepção consigo mesmo por trazer desgosto a seus pais, enfim a perda total do sentido de vida.

Olhando para a história de Sara vemos que a emoção que estava dominante nesse momento era a tristeza. Muitas vezes olhamos a tristeza como algo negativo, pois ela é desagradável de sentir, mas isso não faz dela uma emoção ruim. Essa emoção também faz parte da vida e nos é muito necessária. Muitos associam a tristeza a algo ruim, não querem falar sobre ela, pois irá nos fazer tocar em áreas ou lembranças que nos causam algum tipo de sofrimento. Mas precisamos entender que ela faz parte do nosso dia a dia. A tristeza é uma emoção ativada por alguma situação dolorosa que passamos, mas ela tem uma forte função de nos levar a reflexão, nos levar para interiorização e para reelaborar a vida, ela nos leva a socialização, pode servir para impulsionar, para rever a vida e nos levar a mudanças de atitudes ou de rotas. Conheci uma família que trazia um padrão familiar muito grave de bloquear e impedir qualquer esboço de tristeza. Sempre estavam felizes e usavam a expressão: "Aqui a tristeza não tem lugar!". Essa família não tinha autorização para falar de suas tristezas e assim não podiam resolver seus conflitos, e fingiam não tê-los. Formaram uma família *fakenews* em que todos fingem que se amam, fingem que se entendem, fingem que estão felizes, fingem que não têm conflitos ou discordâncias. Essa família está com grave risco de um terrível rompimento e de desenvolver muitas doenças mentais.

Entenda o quão saudável é falar de suas tristezas e dar espaço para revisitar lugares e rever posturas. Se vivêssemos sem tristeza seríamos pessoas levadas ao egoísmo, focadas em nós mesmas, obstinadas, sem escutar nada e nem ninguém, não nos importaria perder pessoas, não teria nada que nos fizesse refletir, geraria fechamento, isolamento, pois é ela que nos leva a socialização.

A tristeza pode ser a mola para grandes mudanças na vida. Toda emoção é acionada para provocar em nós alguma atitude, mas nunca permanece em nós. Ninguém deve ficar sempre sob a mesma emoção, as emoções são passageiras, elas vem com seu propósito, geram movimento e partem. Quando passamos por uma situação ruim é normal que sintamos tristeza, pois ela nos fará repensar o que fazer, como fazer, e se queremos mesmo fazer algo. Ela, muitas vezes, serve como motivação para termos uma força extra. É necessário olhar que a tristeza pode ser um trampolim para vencer novos obstáculos e, se bem vivida, pode gerar força, sabedoria, acolhimento, compaixão e resiliência. Quero que, primeiramente, você se questione: você permite que a tristeza tenha espaço saudável em você? Você se permite chorar quando está triste? Você fala sobre suas tristezas ou ignora fingindo não tê-las? Consegue compartilhar com alguém ou guarda tudo em segredo no coração? Lembre-se que não é errado sentir tristeza.

Em nossos tempos atuais, estamos sendo levados a acreditar que a forma correta de viver é sempre rindo, feliz, rico e viver para sempre. Se não estamos neste padrão devemos fingir estar ou colocar metas inatingíveis para alcançá-lo. Estamos patologizando a vida, tudo que está fora desse padrão é doença. Em 1952, foi feito um primeiro manual diagnóstico e estatístico de transtornos mentais (DSM) e esse tinha apenas 100 páginas. A última versão DSM-V escrita em 2013 já está com 1000 páginas e estamos perto de um novo manual. O que me chama atenção é que estamos adoecendo cada vez mais, mas também que está havendo uma grave inflação de diagnóstico, em que tudo está sendo colocado como doença. Antigamente o ciúme era um sentimento e muitas vezes tratado pela via espiritual, mas hoje já é diagnosticado como Transtorno delirante de ciúme. O luto era um momento que todos viveríamos, mas hoje já está na lista de doenças como Transtorno de luto complexo resistente. Hoje não podemos mais sentir nenhum incômodo, angústia ou dor e já estamos buscando soluções rápidas para resolver. A tristeza que antes era um sentimento justificável por algum momento ruim vivido passa se tornar patológico e limitador.

A tristeza, o luto, a angústia não são doenças e precisam ser vistas pela ótica da vida. Mas não podemos negar que quando as emoções não são vividas de forma saudável elas irão causar um adoecimento. Mas qual o problema de já intitularmos o luto como uma doença? Estamos dizendo que não é normal vivermos esta dor, sendo que ela é fundamental para ser vivida.

Quantos momentos de tristeza me fizeram ser uma pessoa melhor, me fizeram repensar e mudar de atitudes. A tristeza de perder pessoas, de ferir as pessoas, me fez muitas vezes, abandonar hábitos e valorizar mais os que estavam perto de mim. Já passou por situações assim?

É verdade que não queremos sofrer, e estamos sendo "treinados" a não suportarmos nenhum tipo de dor. E o que dizer da dor do luto? Se não gostamos de falar de tristeza, imagine falar da morte ou do luto? Mas essa é uma dor que, em algum momento da nossa vida, irá nos visitar. É preciso aprender que o luto pode nos trazer uma grande virada na vida. Existem muitas teorias, mas nenhuma teoria é capaz de explicar o luto. A experiência de viver o luto é única, cada um vive a dor ao seu modo. O luto é como o amor, é uma experiência viva e será contada de formas variadas por cada pessoa.

O luto deve ser vivido. Não é vergonhoso sentir e vivê-lo, mas a sociedade quer que você viva a felicidade sem tolerar a tristeza, mas a tristeza é uma emoção humana que precisa ser vivida, pois senão volta depois em forma de sintoma, de problema de relacionamento. É uma emoção muito importante para ser rejeitada. Queremos nos proteger da morte o tanto que dá, queremos proteger as crianças do luto, evitamos falar disso, mas ele faz parte da vida. Quantas vezes já ouvi pessoas dizendo: "para de falar disso, vira essa boca pra lá" ou diante de um enfermo que está diante da morte iminente, querendo falar sobre isso: "você não vai morrer, para de falar disso. Vamos falar de outra coisa". Isso é muito prejudicial para quem está vivendo um processo de adoecimento e também para quem está acompanhando um enfermo. O luto não é uma doença, ele pode até nos deixar mais susceptíveis a ter doenças, mas o luto em si, não é uma doença, é uma reação esperada e normal à dor da perda de alguém que se ama. Não é depressão, não é estresse pós-traumático, é LUTO.

A experiência de viver o luto é única, só quem vive sabe o que é. E cada um vive a dor a seu modo. Alguns dizem que o luto é feito de fases, mas eu sinto o luto como uma montanha-russa. Pode-se iniciar o dia bem, mas basta uma lembrança, uma música, uma foto, uma data, algo que te lembre a pessoa que partiu e você desce a montanha-russa numa queda vertiginosa e as pessoas que estão ao seu lado normalmente não entendem e dizem: você estava bem até agora?! Qualquer lembrança é capaz de fazer você descer uma montanha-russa abaixo. O luto exige ser vivido e, se não vivido no tempo, ele vai bater à porta em outra hora.

É preciso coragem para enfrentar a dor da perda, o momento de tristeza e dor. É necessário deixar esta emoção cumprir o seu papel de interiorização e reflexão, é preciso passar por este caminho e superá-lo. Por mais estranho que possa parecer, pensar na morte é pensar na vida. Aquele que ignora a morte e vive como se não houvesse um fim, não irá valorizar cada minuto vivido e nem as pessoas que estão ao seu lado. É muito comum quando estamos em um velório, começarmos a repensar na vida. Ou quando estamos enfermos e a morte se torna uma possibilidade, passarmos a viver com maior intensidade e valor. É necessário trazer novamente o valor da vida e, para isso, é necessário termos a coragem de vivê-la com tudo que ela tem.

Outra experiência que tive diante do luto é sentir como se houvesse dentro de mim um buraco negro. Muitas vezes me vi sem forças para fazer coisas que antes eram simples como: tomar banho, fazer uma comida, receber visitas, fazer uma pregação, rezar, sair. Dos maiores aos menores movimentos eram custosos para mim, é como se todas as minhas energias fossem sugadas para esse buraco, em que estavam todas as minhas forças sendo canalizadas para dar conta da dor. Muitos se cobram ter que ficar rapidamente bem e não querem sentir a perda, tentando voltar para vida sem ao menos respeitar a própria dor. Muitas vezes, também, essa pressão vem de pessoas que nos rodeiam, querendo que voltemos à vida normal, como se isso fosse possível. O luto muda a rota da vida, nunca mais será igual, pois aquela pessoa não está mais presente. Mas isso não significa que a vida precisa ficar pior ou acabar. Significa que ela mudou. É necessário dar um tempo para administrar a dor. Primeiro mês todo mundo está ali dando ajuda, depois já começam as pressões para voltar a vida, a licença de trabalho para luto são 7 dias... Será possível viver neste tempo? Mas, qual é o tempo que poderíamos dizer saudável? O luto não é eterno e não pode ser! Ele precisa ser bem vivido, mas precisa ser substituído pela saudade. O primeiro ano merece maior dedicação, sendo necessário falar sobre o assunto, buscar ajuda terapêutica e oração para bem viver. Eu, mesmo sendo terapeuta e tendo atendido inúmeras pessoas enlutadas, mesmo sabendo todas as técnicas para terapia do luto, precisei de pessoas e profissionais que me ajudassem. O segundo ano já será a reelaboração do luto, terá suas dores próprias, mas já serão diferentes do primeiro ano. Do terceiro ano em diante, a saudade já ganha mais espaço e a vida ganha novo sabor, já é possível fazer novas reflexões e adaptações. Quando uma pessoa não vive bem o primeiro ano do luto, fará essa dor se prolongar por muitos anos e abre a porta para vários bloqueios à vida, como já dito.

Cada um vive o luto à sua maneira, seja com música, filme, poema, conversa, fundando ONGs, ajudando outros, plantando jardim, enfim, cada um dá um sentido a sua perda e este sentido é muito particular. Superar o luto não é seguir a vida, vida normal, vida que segue... Mas uma coisa é muito necessária: não querer viver sozinho, isolado, sem ajuda! É necessário ter pessoas que te ajudem a passar por esse momento.

Não existe preparação para perder alguém. Para não sentir a dor da perda, se faz necessário não amar. Esse não é o caminho! Não somos preparados para perder, mas podemos nos preparar para vivermos melhor e sabe qual é esse caminho? Amar sabendo que um dia irá perder. Se já vivemos colocando esse pensamento na prática e vivermos intensamente cada dia, passaremos o luto de uma forma melhor, mas isso não irá torná-la mais fácil ou menos fácil. Só não sente a dor da perda quem não ama. Se você ama, o dia que perder você irá sentir. Amar traz consigo a possibilidade de perder... Mas quem decidir por não amar, perderá a melhor parte da vida.

O luto te ajuda a rever valores, começamos a ver o que realmente vale a pena. O luto é um choque na realidade, nos faz pensar quanto tempo perdemos com coisas que não são essenciais. Entrar em contato com a morte e com a possibilidade de perder as pessoas é transformador, apesar de muito difícil, impossível ficar do mesmo jeito e seguir a vida normal... tudo muda. Conceitos mudam, pensamentos mudam, escolhas mudam. A vida passa a ter outro sabor. Repito: pensar na morte é pensar na Vida. Não tenha medo de falar de quem você perdeu, ouvir histórias, relembrar momentos, pois isso te fará viver a vida com mais intensidade.

Se você está exatamente agora vivendo um luto, deixe-se curar e cuidar por São Rafael. Não fique parado na dor, mas deixe esta dor te transformar. Pensar e declarar que a vida acabou diante de um luto, não te fará mais fiel a quem se foi. Às vezes pensamos que se voltarmos a ser felizes, iremos estar traindo quem partiu ou sinalizando que essa pessoa não era importante, mas essa não é a verdade. Todos aqueles que passaram em nossa vida deixaram algum legado e este precisa ser honrado. Quando perdi minha mãe em 2018, passei por todos esses momentos que relatei. Mas, um momento muito decisivo foi entender que prosseguir a minha vida e ser feliz iria ser um ato de honra a minha mãe, seria fazer com que todos que olhassem e dissessem o quanto a minha mãe foi importante e me fez ser essa pessoa que sou hoje.

Prosseguir é um ato de gratidão por tudo que ela me ensinou e marcou em mim. Imagine agora aquela pessoa que você ama e que hoje não está mais contigo, e se imagine agora perguntando se ele(a) gostaria de te ver o resto da vida triste e deprimido? Ouça a resposta.

Não temos o ontem nem o amanhã, temos o hoje, o AGORA. APROVEITE!

A morte não é nada (Santo Agostinho)

"A morte não é nada. Eu somente passei para o outro lado do Caminho. Eu sou eu, vocês são vocês.
O que eu era para vocês, eu continuarei sendo.
Me dêem o nome que vocês sempre me deram, falem comigo como vocês sempre fizeram.
Vocês continuam vivendo no mundo das criaturas, eu estou vivendo no mundo do Criador.
Não utilizem um tom solene ou triste, continuem a rir daquilo que nos fazia rir juntos. Rezem, sorriam, pensem em mim.
Rezem por mim. Que meu nome seja pronunciado como sempre foi, sem ênfase de nenhum tipo.
Sem nenhum traço de sombra ou tristeza.
A vida significa tudo o que ela sempre significou, o fio não foi cortado. Porque eu estaria fora de seus pensamentos, agora que estou apenas fora de suas vistas?
Eu não estou longe, apenas estou do outro lado do Caminho...
Você que aí ficou, siga em frente, a vida continua, linda e bela como sempre foi." *Santo Agostinho*

CAPÍTULO IX:

Depressão e perda de sentido da vida?

"Aconteceu que, precisamente naquele dia, Sara, filha de Raguel, em Ecbátana, na Média, teve também de suportar os ultrajes de uma serva de seu pai. Ela tinha sido dada sucessivamente a sete maridos. Mas logo que eles se aproximavam dela, um demônio chamado Asmodeu os matava. Tendo Sara repreendido a jovem criada por alguma falta, esta respondeu-lhe: 'Não vejamos jamais filho nem filha nascidos de ti sobre a terra! Foste tu que assassinaste os teus maridos. Queres, porventura, matar-me, como mataste todos os sete?'" Naquele dia a alma de Sara se encheu de tristeza, ela se pôs a chorar e subiu ao quarto de seu pai, com a intenção de se enforcar..." (Tb 3,7-10)

Sara sentiu uma tristeza tão profunda que pensou em desistir da própria vida. A vergonha, a angústia, a desesperança, a frustração, o fracasso, a perda de sentido de vida são alguns dos sentimentos que acompanham aqueles que sofrem graves impactos emocionais. Como lidar com este momento de tamanha escuridão?

Eu mesma vivi um momento como esse. Em muitos momentos eu era assolada por perguntas como: qual é o sentido das coisas? Qual é o motivo de eu estar aqui? Por que continuar? Minha mãe contou que eu cheguei a dizer para ela que achava a vida tão sem sentido. Realmente era algo que me acompanhava. Você já se questionou sobre qual o sentido da sua vida? Você sabe qual é a tua missão de vida?

Viktor Emil Frankl, foi um neuropsiquiatra e fundador da Logoterapia e Análise Existencial, dizia: "Se você não sabe qual é o sentido da sua vida e qual é a sua missão de vida você já tem uma missão: encontrá-la!".

Enquanto eu não sei qual o meu propósito de vida, vou vivendo a vida de forma fraca e sem rumo, fico totalmente suscetível às circunstâncias da vida. A força de vida, a alegria e o vigor só nos tomam quando encontramos o sentido de ter nascido e o sentido para prosseguir.

Uma pessoa perguntou para um jovem: qual é o sentido de você ir para escola? O jovem respondeu: eu quero passar na faculdade. Ele tornou a perguntar: e qual é o sentido da faculdade? Eu quero um concurso, disse ele. E qual é o sentido do concurso? Eu quero mais estabilidade financeira, respondeu o jovem. E para quê uma estabilidade financeira? Insiste na pergunta. E no final das contas, aquele jovem perguntou: você tá me perguntando tanto, mas eu que te pergunto: então, qual é o sentido de tudo isso?

A questão é que, muitas vezes, nós estamos vivendo colocando o sentido da nossa vida em coisas muito imediatas, em ir para escola, passar numa faculdade, trabalhar. Mas, quantos eu atendo em crise, em depressão, em pânico porque se deparam com a frustração de não ter todas as respostas e garantias na faculdade. Muitos que terminam a faculdade e não têm emprego, muitos que já estão com mestrado e doutorado, e ainda não conseguem estabilidade financeira.

Um dia, uma mulher me abordou e disse: Raquel estou em depressão, já estou com 30 anos, eu não achei o homem da minha vida e o meu plano, Raquel, era ter uma família diferente da família dos meus pais, meu sonho de vida é ter uma família, mas eu não encontro ninguém. O que eu faço? Eu estou muito sem sentido, qual é a graça de viver sem ter uma pessoa ao seu lado?

Uma vez, outra mulher me disse: Raquel, meu grande sonho era casar e o dia do meu casamento foi maravilhoso até a hora da lua de mel. Foi ali que percebi a burrada que eu tinha feito. Entrei em choque, minha vida perdeu a graça, porque o meu sonho era encontrar um príncipe e o que eu achei foi um totalmente ao contrário e agora eu vou ter que aturar o resto da minha vida. O que eu faço?

Outra chegou dizendo que seu sonho era ser mãe. Abriu mão de toda a vida dela para cuidar do filho. Até briga com marido teve por causa do filho. Ela literalmente abandonou tudo para ser mãe, mas agora o menino está usando drogas. "O que eu fiz de errado? A culpa é minha! Não tem mais sentido viver, eu não vou suportar". Essas foram as suas falas diante dessa dor.

O que tem acontecido é que temos colocado o sentido de nossa vida em coisas ordinárias, imediatas e passageiras. Se você coloca, por exemplo, na profissão ou no casamento seu foco de felicidade, você está dando na mão de outros a sua felicidade, o plano da tua vida fica dependendo de outros.

Como é triste quando ouço um pai ou uma mãe de família dizer que quer morrer, que desistiu, que é melhor que os filhos tenham outra pessoa melhor, que ninguém vai sentir falta, que perdeu o sentido. Sempre digo: morrer dessa forma não vai resolver o problema de seus filhos, mas vai acrescentar um outro muito maior. Normalmente, o problema do coração dessa mãe, desse pai é que algo nos planos não deu certo e um desespero e uma frustração tomam conta do coração. Muitos colocam nos filhos o sentido da vida e, quando eles saem de casa, se casam, saem do país, deixam o ninho vazio, um grande buraco.

Esse é um assunto falado há anos e pelas grandes filosofias, os grandes estudos da ciência e da Antropologia. Segundo Sócrates:

"Não tenho outra ocupação senão a de vos persuadir a todos, tanto velhos como novos, de que cuideis menos de vossos corpos e de vossos bens do que da perfeição de vossas almas, e a vos dizer que a virtude não provém da riqueza, mas sim que é a virtude que traz a riqueza ou qualquer outra coisa útil aos homens, quer na vida pública quer na vida privada."

Para ele, a alma é a sede da virtude e da excelência. Em suma, é na alma que tem lugar a profundidade que orienta a vida humana, ela é, portanto, aquilo que constitui a verdadeira identidade do homem. O que ele começou a entender é que o homem só tem sentido na vida se ele entender e descobrir na sua interioridade.

Segundo Aristóteles, "...também no homem a capacidade de passar além das fronteiras de seu lugar no mundo e eleva-se pela teoria, à contemplação das realidades transcendentes e eternas".

Santo Agostinho foi um homem muito estudado, filósofo e antropólogo antes de ser religioso. Ele trazia dentro de si o desejo de encontrar a verdade. Ele queria encontrar qual era o sentido das coisas e perguntava: "será possível ser feliz sem encontrar a verdade? Sem encontrar o sentido? Será possível ser feliz?".

Vou te dizer uma coisa: o homem que mais falou

sobre o sentido da vida, o que mais estudou isso, foi Viktor Frankl. Ele nasceu em 1905, de família judia, casou com uma judia rica, bem-sucedida e de repente estoura o nazismo e este homem, que morava na Áustria, foi visitado pelos nazistas. Fizeram a sua esposa abortar na frente dele e sofreram terrivelmente. Ele teve a sua mãe levada para a câmara de gás, o pai morreu, a esposa morreu e só sobrou ele e uma irmã. Viktor passou três anos dentro de um campo de concentração que, particularmente, por mais que a gente veja filmes ou estudemos nos livros, nós nunca vamos ter a dimensão do quão terrível realmente foi esse momento. Esse homem começou então a entender que ali dentro do campo de concentração só iriam terminar vivos aqueles que tivessem um sentido, um porquê viver, uma esperança no meio daquele sofrimento. Ele foi um dos que, na hora que as pessoas queriam se suicidar, por causa dos terríveis sofrimentos, ele olhava para os companheiros e dizia: "Por que você vai se matar? Você não tem nenhuma esperança de vida?".

E Viktor começava a indagar os seus colegas e dizia: "Qual seria o sentido para você continuar vivo? Encontre um sentido para que você continue vivo!". Aqueles homens começaram então a dizer: eu quero encontrar minha esposa, o outro dizia: eu tenho um material maravilhoso, uma grande descoberta para o mundo, e eu quero publicar os meus livros e assim, vários foram encontrando sentido para prosseguir e ele foi incentivando e semeando questionamentos, motivos de vida. Ele dizia que a chave para o mundo é encontrar o sentido. Uma frase que me chama muita atenção é: "você pode descobrir o sentido da vida de três maneiras diferentes: fazendo alguma coisa e se apaixonando por aquilo, experimentando um amor ou um valor, ou sofrendo".

Esses são os três caminhos para que você descubra o sentido da sua vida. Às vezes é no meio do sofrimento, que você vai descobrir qual é o sentido de sua vida. Às vezes é, no meio da dor, que você vai compreender e encontrar uma força, ou como no meu caso, no meio da angústia e da escuridão da alma que esta pergunta vai ecoar: qual o sentido?

Eu nasci em um momento de morte, minha família estava vivendo um luto terrível, como já contei. Aquela morte permeou todo meu ser, meus pensamentos, meu físico. Aquele sentimento de morte queria se impregnar em mim, por isso eram tão constantes os pensamentos de morte, de desistência, de desânimo. Mas Deus me fez entender que eu não vim num momento de morte por acaso, eu vim para trazer vida onde havia morte, eu vim ser força onde já não havia mais, vim ser esperança onde tudo estava perdido. Essa descoberta não foi tão rápida e simples para mim, passei pela depressão infantil, por três tentativas de suicídio, por várias enfermidades, acompanhamentos e muitas orações de cura para conseguir ouvir com clareza: Eu tenho uma missão de resgatar da morte para vida.

Preste atenção nisso: Você nasceu em qual momento de sua familia? Você nasceu que dia? Qual a família que você nasceu? Qual o contexto que você nasceu? Qual a cultura que você nasceu? Qual o país que você nasceu? Eu nasci dia quatro de abril e, 20 anos antes do meu nascimento, no mesmo 4 de abril se suicidou meu avô. Coincidência ou sinal de Deus sobre a grande missão da minha vida? Te digo sem medo, se eu não tivesse encontrado o sentido de minha vida com certeza eu hoje não estaria mais viva.

Meu amado(a), o mundo tem trabalhado para que não encontremos esse sentido, essa força, pois quanto mais pessoas vivendo de forma medíocre, sem vitalidade e sem ânimo, mais doentes e fáceis de serem manipuladas. Acorda, você está sendo visitado pelo ANJO DA VIDA, São Rafael Arcanjo.

Vitor Frankl não foi morto, pois o brilho que ele trazia, a força interior dele era maior que as grandes armas e ameaças. Chiara Lubich, fundadora dos focolares, era uma jovem que durante a segunda guerra mundial se sentiu inquietada ao olhar para a realidade do mundo. Ela e suas amigas descreveram o mundo desmoronando e começaram a se questionar se havia algo que não desmoronaria. A resposta foi imediata: Deus. Esta voz ecoou dentro dela e fez com que, mesmo em meio a guerra, iniciasse um forte movimento de unidade, ela chamou seus amigos e disse: "Seremos testemunhas da unidade", então ela chama homens e mulheres para assumirem o evangelho e compartilharem tudo do que vivem e tudo que ganham para anunciar para o mundo a unidade e ainda não precisava ser da mesma religião. Ela iniciou um forte trabalho de ecumenismo, ganhou inúmeros prêmios por ser aquela que falava da unidade, foi a que levou o diálogo para vários políticos e presidentes do mundo, aquela que conseguiu os maiores diálogos de paz. Uma mulher simples e normal, como eu e você. Silvia Lubich (como era seu real nome), jovem professora, jamais teria imaginado que, alguns decênios mais tarde, tantas personalidades do mundo civil e religioso – dentre as quais quatro Papas – teriam pronunciado palavras muito muito fortes sobre a sua pessoa e sobre a sua família espiritual. Não tinha nenhuma ideia do que teria visto e vivido em seus 88 anos de vida. Não podia calcular os milhões de pessoas que a seguiriam. Não imaginava que com o seu ideal chegaria a 182 nações. Teria podido pensar que iria inaugurar uma nova era de comunhão na Igreja e que teria aberto canais de diálogo ecumênico nunca antes percorridos? E, muito menos, podia imaginar que na sua família teria acolhido fieis de outras religiões, pessoas sem uma referência religiosa. Aliás, não tinha nem mesmo a ideia que teria fundado um movimento que hoje são 12 milhões e meio no mundo de homens e mulheres testemunhando a unidade.

Muito me impactou também a história de Madre Paulina, chamada Amábile Lúcia Visintainer. Ela nasceu em Vígolo Vattaro, na Itália, no dia 16 de dezembro de 1865. Seus pais, os italianos Antônio Napoleone Visintainer e Anna Pianezer eram católicos fervorosos. Paulina estava com apenas 10 anos de idade, diante de terríveis sofrimentos, migraram para o Brasil, fugindo da grave crise econômica e das doenças contagiosas que assolavam a Itália. Se estabeleceram em Santa Catarina, na região de Nova Trento, no vilarejo de Vigolo. Quando chegam ali em Santa Catarina essa menina de 10 anos de idade encontra uma amiga no meio daquela dor toda e decidem rezar pelas pessoas que estão sofrendo e passando fome. O padre vê aquelas crianças rezando e diz que elas podem ajudar. Paulina rapidamente se coloca a disposição e iniciam ajudando na catequese, limpando a igreja e visitando os doentes. Quando ela começa a visitar os doentes se sente movida a algo mais. Ela percebe que muitos dos doentes não têm familiares que cuidassem, muitos não tinham quem ficasse com eles. A criança pede a seu pai que faça um casebre para que ela pudesse acolher alguns dos doentes. Ela chama esse local, que é possível visitar até hoje, de hospitalzinho. Ela se sente encantada em poder ser consolo para eles e, olhando para cada doente ela diz: "eu encontrei a minha missão". Começa com um doente, dois doentes, três doentes até o casebre já não comportar, construíram o espaço maior e enviaram outras jovens que também se atraíram por aquela missão. Se você olhar hoje as grandes construções que se deram a partir do simples desejo de uma criança é de se impactar. Aquela menina encontrou o sentido.

Não importa a tua profissão, não importa onde você está, importa você ser aquilo que você, foi criada para ser. Que seus olhos se abram neste momento e, mesmo que você esteja passando por um momento de dor ou um momento muito difícil, que encontre a força para ir atrás de sua missão de vida. Não pare, não desista!!

"Se fordes o que deveis ser, incendiareis o mundo" (Santa Catarina de Sena).

Que, ao invés de ficar chorando aquilo que você está vivendo, ao invés de achar que sua vida acabou ou em vez de continuar seguindo no automático da vida, simplesmente um dia após o outro, acorde para o grande sentido de sua vida.

"Se eu fizer durante a vida inteira uma coisa de que não gosto, vou me realizar como ser humano no fim?"

Na verdade, o mundo tem medo de você, por isso que tenta te destruir. Todos os filhos de Deus têm uma forte missão no mundo e, enquanto estamos sendo ludibriados, iludidos ou seduzidos por outra coisa, o inferno está ganhando forças. O inimigo de Deus tem medo que você descubra a força e o sentido de sua missão e comece a fazer a diferença por onde você passar. O Anjo da Vida está agora ao seu lado te recordando e te conduzindo a uma transformação.

Oração a São Rafael Arcanjo
"Glorioso Arcanjo São Rafael, que vos dignastes tornar a aparência de um simples viajante para vos fazer o protetor do jovem Tobias. Ensinai-nos a viver sobrenaturalmente elevando sem cessar nossas almas, acima das coisas terrenas.

Vinde em nosso socorro no momento das tentações e ajudai-nos a afastar de nossas almas e de nossos trabalhos todas as influências do inferno.

Ensinai-nos a viver neste espírito de fé que sabe reconhecer a misericórdia Divina em todas as provações e as utilizar para a salvação de nossas almas.

Obtende-nos a graça de uma inteira conformidade à vontade Divina, seja que ela nos conceda a cura dos nossos males ou que recuse o que lhe pedimos.

São Rafael, guia protetor e companheiro de Tobias, dirigi-nos no caminho da salvação, preservai-nos de todo perigo e conduzi-nos ao Céu.

São Rafael Arcanjo, rogai por nós. Amém."

CAPÍTULO X:

E a raiva nessa história?

Percebemos que, de fato, o livro de Tobias, é cheio de riquezas também quando falamos de emoções! Inclusive, a emoção da raiva também aparece no contexto da história, embora quase tenha nos passado despercebido aos olhos... Talvez isso tenha acontecido por existir algumas divergências entre as diferentes traduções bíblicas mais conhecidas, no que tange às respostas e reações dos personagens em questão.

Vamos à história...

Tobit, ao ficar cego, precisou parar de trabalhar, diz a Palavra que ele ficou inutilizado por 4 anos. Neste período, para sustento da família, sua esposa, Ana, vendia peças de tecido. Certo dia, Ana ganhou de seus patrões, além do salário, um cabrito. Porém, ao chegar em casa com o cabrito, quando Tobit escutou-o balir, suspeitou que o bicho tivesse sido roubado e pediu que Ana o devolvesse, Ana tentou explicar mas Tobit não acreditou:

"Entrando o cabrito em nossa casa começou a balir. Chamei então minha mulher e perguntei: 'de onde é este cabrito? Será que não foi roubado? Devolva-o aos donos! Pois não podemos comer nada que seja roubado!' Ela me disse: 'o cabrito foi-me dado como gratificação, além do salário'. Eu, porém, não acreditei nela e continuei dizendo que restituísse o cabrito aos seus donos. Por causa disso, senti-me envergonhado diante dela. Então ela replicou-me: "onde estão as tuas esmolas? Onde, as tuas boas obras? Vê que todas elas são reconhecidas só por ti!" (Tb 2, 20-22)

Em outra tradução bíblica vamos encontrar no último versículo: "...Ao que lhe respondeu sua mulher com indignação: 'Tua esperança é manifestamente vã; agora tuas esmolas mostram bem o que valem!'. Com essas e outras palavras semelhantes ela censurava-o duramente".

À acusação de seu marido, Ana reagiu. Podemos perceber que quando a Palavra diz a qualidade da reação de Ana, ou seja, que ela respondeu ao seu marido com "indignação", e ainda o "censurou duramente", mostra que ela mudou a forma da primeira resposta, demonstrando, agora, uma certa impaciência.

Em outro capítulo ainda, Ana tem mais uma demonstração de uma reação aparentemente irritadiça diante da espera do filho Tobias, que partiu, mas demorou mais do que o esperado a retornar para a casa dos pais, então Tobit e sua esposa ficaram cheios de preocupação:

"(...)Terminados os dias do prazo, e não chegando o filho, ele disse: 'Acaso ficou retido por lá? ou Gabael morreu, e ninguém lhe entregou o dinheiro?' E começou a inquietar-se. Sua mulher, Ana, dizia: 'meu filho morreu, já não está entre os vivos! Porque está demorando?' E começou a chorar e a lamentar-se por causa do filho. 'Ai de mim, meu filho, que te deixei partir, luz de meus olhos!' Tobit, por sua vez, lhe dizia: 'fica tranquila e não te preocupes, minha irmã, o nosso filho está bem! Decerto algum imprevisto os retém por lá: o homem que o acompanha é de confiança, pois é dos nossos irmãos. Não te aflija por ele, minha irmã, que ele já vem!' Mas ela retrucou: 'Não me digas mais nada e não me enganes: meu filho morreu!'(...)" (Tb 10, 1-7a)

Em outra tradução vamos encontrar o versículo 7: "Ela replicou-lhe: 'Deixa-me, não tentes me enganar, meu filho morreu.'(...)".

Ana já não queria mais escutar, ela não queria ouvir outra coisa além daquilo que ela estava pensando, em seu coração, ela tinha sua própria certeza e não queria ser convencida do contrário. Mais uma vez, Ana reagiu.

Nossas reações são respostas do movimento das emoções em nós. Elas surgem dentro de nós e se manifestam, por vezes, sem o nosso consentimento ou domínio, revelando ao mundo atitudes que às vezes nem nós gostaríamos de identificar em nós mesmos.

Nesse contexto de Ana, no primeiro diálogo apresentado anteriormente, ela foi acusada injustamente pelo marido, que persistindo na acusação, embora ela tivesse tentado explicar o ocorrido, a fez se sentir agredida em seus valores e princípios morais. No segundo diálogo Ana tem tanta certeza de sua conclusão a respeito da morte de seu filho, que não suporta ser contrariada, sente-se traída por, além de não ter concordado com o envio do filho para essa missão, achar que Tobit não quer lhe dizer a verdade.

Todas essas reações de Ana dizem respeito à emoção da raiva.

É importante dizer que, a emoção da raiva, a irritação e a ira possuem a mesma raiz, mas têm diferença: a raiva é a emoção, a irritação é a sensação física da raiva, e a ira é evolução da raiva dentro de si, é a autorização do domínio desta.

Está ligada à defesa ou ao ataque. Pode ser despertada em nós por uma sensação ou percepção de ataque:
• Sensação de ser agredido verbalmente, psiquicamente ou emocionalmente;
• Se sentir desprezado pelo outro;
• Por sentir alguma situação ameaçadora, de perigo/risco de vida;

• Por se sentir agredido em seus valores mais profundos;
• Por perceber que alguma situação ou alguma fala tocou em alguma memória do passado, ou alguma ferida/mágoa não resolvida (de forma consciente ou inconsciente);
• Por não saber lidar com alguma situação;
• Por se sentir estressado, estafado, cansado. Aqui é interessante, porque muitas pessoas não percebem ou não conseguem lidar com seu próprio limite e com os seus desgastes, vão esgotando todas as suas forças e, sem tolerância emocional, acabam reagindo com raiva;
• Ou ainda por se sentir despreparado para algo, na ânsia inconsciente de refutar o "perigo".

É importante ressaltar que a raiva é uma emoção de resposta mesmo quando nos sentimos ameaçados diante de qualquer fator citado acima, mesmo que a situação não seja real, o fator da "sensação" é suficiente para provocar em nós uma reação.

A raiva está ligada à uma resposta de agressividade, irritabilidade e impaciência diante de algo, na maioria das vezes é eufórica, exaltada, em alta voz, rude, ríspida, porém pode ser também uma reação contida, silenciosa, interior, pode haver rubor na face, tensão na mandíbula, enrijecimento das mãos, aumento da frequência cardíaca, gastrite, diarréia, dor de cabeça, enxaqueca, entre outras manifestações.

Essa é uma das emoções mais fortes, mais poderosas e mais percebidas pelas pessoas, muitos se sentem movidos de forma negativa pela raiva, e por isso pensam que ela é ruim. Bom, já dissemos em outro capítulo que o problema da emoção é o que eu faço com ela, em si ela é amoral. Quando deixo que a raiva domine minhas atitudes, e dou espaço para a mágoa, o rancor, e a vingança, de fato a emoção se torna ruim. Porém, a emoção da raiva gera movimento no interior da pessoa, gera força e ímpeto de resposta, é um impulso para a ação e para a vitória! É em resposta à emoção da raiva que temos força para lutar pelos nossos objetivos, para proteger alguém de uma situação de perigo, de injustiça, para mudar a direção da vida, para defender o que acreditamos e conquistar o que sonhamos!! Que tal agora avaliar o quanto esta emoção está presente em suas ações e reações? Siga os passos e, ao final, poderá fazer a somatória e encontrar a resposta.

Teste: Percebendo a força da raiva dentro de você

Leia a relação de 25 situações potencialmente perturbadoras descritas abaixo. No espaço ao lado de cada incidente, calcule o grau em que ele ordinariamente o enraiveceria ou provocaria, usando a escala simples abaixo.

0 - Sentiria pouca ou nenhuma perturbação.
1 - Sentiria um pouco de irritação.
2 - Ficaria moderadamente irritado.
3 - Ficaria bastante irritado.
4 - Ficaria com muita raiva.

Marque sua resposta no espaço na frente de cada pergunta, como nesse exemplo:
( ) Você vai de carro apanhar um amigo no aeroporto, e o trânsito está demorando o dobro do que você calculou.

O indivíduo que respondeu a esta pergunta calculou que sua reação seria "dois" porque ele se sentiria moderadamente irritado, mas a irritação passaria assim que ele chegasse no aeroporto. À medida que você descrever como normalmente reagiria a cada uma das provocações seguintes, faça um cálculo geral, embora muitos detalhes potencialmente importantes estejam omitidos (tais como o tipo de dia que você estava tendo, ou quem estava envolvido na situação).

( ) Você desempacota um aparelho elétrico que acaba de comprar, liga-o na tomada e descobre que ele não funciona.
( ) Um mecânico cobra demais por um concerto feito e você nada pode fazer.
( ) Você é repreendido, enquanto as ações dos outros passam despercebidas.
( ) Seu carro atola na lama ou na areia.
( ) Você está conversando com alguém que não responde.
( ) Alguém finge ser algo que não é.
( ) Você luta para levar quatro xícaras de café para a sua mesa, e alguém lhe dá um encontrão, derramando o café.
( ) Você pendurou suas roupas, mas alguém as derrubou no chão e não as apanhou.
( ) Você é perseguido por um vendedor desde o momento em que entra na loja.
( ) Você fez planos de ir a algum lugar, mas a pessoa com quem você ia desistiu no último momento e o deixa sozinho.
( ) Fazem piada a seu respeito ou debocham de você.

(   ) Seu carro enguiçou no meio da rua e a pessoa que se encontra atrás de você não para de tocar a buzina.

(   ) Você acidentalmente dá uma volta errada no estacionamento. Quando sai do carro, alguém grita, dizendo: "Onde foi que você aprendeu a dirigir?".

(   ) Alguém comete um erro e culpa você.

(   ) Você está tentando se concentrar e pessoa ao lado fica batendo o pé.

(   ) Você empresta um livro ou uma ferramenta importante a alguém e ele não os devolve.

(   ) Você teve um dia ocupado e o seu companheiro de quarto reclama que você se esqueceu de fazer alguma coisa que havia prometido.

(   ) Você está tentando discutir algo importante com seu cônjuge ou parceiro, que não lhe dá a oportunidade de expressar seus sentimentos.

(   ) Você está conversando com alguém que que insiste em falar de um tópico do qual você pouco sabe.

(   ) Alguém interrompe uma conversa que você está tendo com outra pessoa.

(   ) Você precisa chegar a algum lugar com urgência, mas o carro à sua frente está indo a 40 km/h numa área de 65 km/h, e você não consegue ultrapassá-lo.

(   ) Você pisa numa pasta de chiclete.

(   ) Ao passar por um pequeno grupo de pessoas, elas zombam de você.

(   ) Com a pressa de chegar a algum lugar, você rasga sua melhor calça em um objeto pontiagudo.

(   ) Você está em uma ligação importante e a bateria do celular acaba.

Agora que você terminou o Inventário da Ira, pode calcular o seu Q.I., seu Quociente de Irritabilidade. Certifique-se de não ter omitido nenhum dos itens. Some o resultado da cada um dos vinte e cinco incidentes. O menor total possível é zero; para conseguir isso, você teria de colocar zero em cada item, o que indicaria que ou você é mentiroso ou é um guru! O resultado mais alto é 100. Isto significa que você marcou 4 para cada um dos 25 itens, e você está constantemente no ponto de ebulição ou além dele.

Você pode interpretar seu resultado total de acordo com a seguinte escala:

0-45 A quantidade de ira e perturbação que você geralmente sente é bem baixa. Somente pequena porcentagem da população terá um resultado tão baixo assim no teste. Você é um dos poucos escolhidos!

46-55 Você é substancialmente mais pacífico do que a pessoa média.

56-75 Você reage às perturbações da vida com uma quantia média de ira.

76-85 Você frequentemente reage de um modo irado para com as muitas perturbações da vida. Você é substancialmente mais irritável do que a média das pessoas.

86-100 Você é um verdadeiro campeão de ira e é afligido por reações frequentes, intensas e furiosas que não desaparecem rapidamente. É provável que você abrigue sentimentos negativos bem depois do insulto inicia ter passado. Você pode ter a reputação de cabeça-quente entre as pessoas que o conhece. Você pode ter frequentes dores de cabeça causadas pela tensão e pressão alta. Sua raiva, muitas vezes, pode ficar sem controle e levar a explosões impulsivas e hostis que o colocam em dificuldade. Apenas pequena porcentagem da população adulta reage tão intensamente quanto você.

Pergunte a membros de sua família ou amigos íntimos que nível de ira eles enxergam em você: muito abaixo da média de outras pessoas; algo abaixo da média; na média; algo acima da média; ou muito acima da média. Se a percepção deles for diferente de sua auto percepção no teste acima, será interessante procurar entender por que existe tal diferença.

Fonte: Introdução à Restauração da Alma - David Kornfield

CAPÍTULO XI:

Vida afetiva e libertação de Asmodeu

"Aconteceu que, precisamente naquele dia, Sara, filha de Raguel, em Ecbátana, na Média, teve também de suportar os ultrajes de uma serva de seu pai. Ela tinha sido dada sucessivamente a sete maridos. Mas logo que eles se aproximavam dela, um demônio chamado Asmodeu os matava." (Tb 3, 7-8)

Sara sofreu inúmeros ataques em sua vida afetiva, sonhava em ter a sua família, mas esse caminho foi de grandes sofrimentos. Para que este sonho fosse realidade, ela precisou ser visitada por São Rafael para, junto a Tobias, trilharem este caminho de cura e libertação. Será que sua vida afetiva precisa de cura também? Você pode dizer que não, mas tenho tranquilidade em te dizer que na área do amor e desamor todos nós temos feridas. Comece a se questionar: você tem facilidade em receber amor das pessoas? Consegue confiar que há amor no que fazem por você? Consegue ter amigos ou apenas um em quem confia? Consegue falar de seus sentimentos? Expressa saudade e carinho? Consegue dizer para as pessoas que ama, palavras de afeto ou só em momentos muito específicos? Consegue elogiar? Se magoa fácil ou é tão fechado que nem se deixa ferir? Tem facilidade em abraçar e ser abraçado? Espera que as pessoas sintam saudade de você? Quantas pessoas agora você conseguiria contar que sentem falta de você? Tem facilidade de ouvir correções ou já acha que estão te atacando? Sua família tem facilidade de expressar amor? Consegue resolver seus conflitos nos relacionamentos ou sempre rompe com as pessoas?

Imagino que diante dessas perguntas muitas coisas já passaram em sua mente a respeito de sua história e sua vida afetiva. Pode ser que você tenha se questionado se realmente todas estas perguntas têm ligação com afetividade. Quando eu falo de afetos, estou falando de relacionamentos, de complementaridade e de felicidade. Temos uma tendência de nos fechar diante de decepções, uma terrível mania de achar que depois dessa decepção, dessa traição não haverá possibilidade de encontrar outra pessoa que se possa confiar. Frases como: "nunca mais vou amar ninguém, nunca mais vou chorar por ninguém, nunca mais vou confiar, não confio mais em homem nenhum, não confio mais em mulher nenhuma, ninguém merece meu amor, todos um dia vão me abandonar..." são comuns de serem ouvidas após uma decepção, um término ou uma perda. O que precisa ficar claro é que todas as vezes que você pronuncia palavras como essas, você está bloqueando a sua vida. O amor é o motor que nos leva adiante. Deus nos criou por amor e para amar. Ter amor a si, a Deus e aos outros é uma força de vida e cada vez que você diz que nunca mais vai amar, você está fechando as portas à felicidade em sua vida. Será que algum dia já disse estas palavras? Se a sua resposta foi sim, precisa iniciar um caminho de desbloqueio de sua vida afetiva.

Quantas pessoas vivem escravizadas em seus afetos, fechadas a relacionamentos ou extremamente carentes e dependentes, sonhando em constituir família mas sem encontrar a pessoa certa, quantos não conseguem nem ter amigos e se abrir a confiar em alguém. Por que parece tão difícil ter uma vida afetiva equilibrada?

Primeiro precisamos entender que o amor se aprende e o primeiro momento que entendemos sobre ele é no ventre da mãe. O segundo momento é ver como os nossos pais se amam. Ao contemplar o relacionamento dos pais vamos entendendo sobre a força do amor. O terceiro momento é diante do amor deles para com você. A partir destes três momentos vamos definindo dentro de nós o que é amor e como amar.

Fazendo esta análise da história de Sara conseguimos perceber, como dito no capítulo II, que ao decidir se enforcar no quarto do pai, ela revela um conflito familiar e ao mesmo tempo um amor ferido existente

É preciso olhar para nossa história familiar para entender o que se passa em nossa vida afetiva. Não podemos simplesmente passar por cima do que vivemos como se isso não fosse gerar algumas consequências em nossa vida. Olhar para o passado é ter uma nova possibilidade de mudar o futuro. Muitos temem relembrar o que viveram em suas famílias achando que isso define futuro e diante desta constatação é melhor não lembrar e nem pensar sobre. Mas quero te dar uma boa notícia: **Deus pode curar todas as feridas e mudar o seu futuro se você deixar!**

O perdão é o remédio para toda cura. Mesmo que você diga que já perdoou seus pais ou aqueles que te feriram, vou te convidar a fazer isso mais uma vez. Perdoar é libertar-se da dor. É lançar fora toda mágoa e ressentimento. Muitos adoecem e bloqueiam suas vidas por mágoas. Basta uma pequena chateação para nos bloquear. Mas o que perdão tem haver com a história familiar? É preciso perdoar seus pais, por mais que você racionalmente os entenda, mas isso não muda o fato de que houveram feridas afetivas. Por melhor que tenham sido seus pais, nunca amarão da forma perfeita, mesmo porque isso somente Deus pode fazer. Liberar o perdão é como colocar um óleo de cura na ferida, é uma palavra poderosa apesar de simples. Quero te convidar a pensar agora em seus pais e todo caminho percorrido desde sua infância:

Pelas vezes que o trabalho e as atividades do dia roubaram a atenção deles, pelas dificuldades em conversar, dificuldade de dizer palavras de amor e incentivo, pelas brigas que tiveram, pelos vícios que tiveram, pela ausência em alguns momentos ou em vários, por terem morrido, por não terem registrado ou reconhecido a filiação, por se apartarem da família, por se divorciarem, por serem muito exigentes e autoritários, por serem muito passivos e sem pulso para liderar a família, pelas dificuldades financeiras, pelas palavras rudes, por não serem maduros em seus relacionamentos, por deixarem muitos perigos se aproximarem enquanto ainda era criança... (se você lembra outras situações coloque também neste momento) eu quero te perdoar (pai ou mãe), em nome de Jesus e peço a São Rafael Arcanjo que nos unja com o Sangue do Cordeiro.

Quando não liberamos o perdão, estamos deixando esta marca inconsciente como a forma "correta" de amar. Não se engane achando que o inconsciente sabe o que é certo ou o que é errado, se você viveu dentro de uma realidade em que aqueles que te deram a vida, aqueles que te amam profundamente vivem gritando, brigando, fugindo, fingindo, se ofendendo, fechados, isolados, seu inconsciente irá registrar aquilo como uma referência padrão e em algum momento irá entrar em ação com essas informações. Quantas vezes você sabe o que é certo a fazer, mas não consegue fazer? Quantas vezes você percebe que tem um automático acionado executando reações e atitudes que conscientemente você sabe serem erradas? Exatamente, isso é o que chamamos inconsciente. Pense num computador. Se você deixar todas as informações registradas em um só lugar você irá deixar o computador muito lento, por isso é indicado que você coloque os grandes arquivos em um outro HD. Não entendo muito de computador, mas acho que assim você pode compreender um pouco a diferença do inconsciente para o consciente. Se guardássemos tudo em nosso consciente, lembrando de todas as informações todo tempo, com certeza não iríamos sobreviver muito tempo. O inconsciente é aquele que guarda as informações, registra tudo o que vivemos seja positivo ou negativo, deixando ali os maiores arquivos guardados. Ao longo da vida ele vai liberando informações como que subliminares, mudando as nossas atitudes sem que tenhamos total consciência. Tudo que você viveu está registrado e basta dar a Deus a liberação para visitar nosso inconsciente e curar estas feridas para que não mais deformem nossas ações. O Caminho de cura interior é fundamental para quem quer ser livre e feliz. Não se deixe abater pelo que você passou e não fuja de seu passado como se isso fosse afastar as possibilidades dele te afetar, deixe Deus te curar e viva definitivamente livre destas amarras.

    Outro passo fundamental para essa libertação é você perceber todos estes votos secretos que foram feitos ao longo de sua vida. O que são votos secretos? "São determinações que fazemos quando crianças, que se tornam como que 'programas de computadores' dentro de nossa natureza. Energizam nossos cérebros para reproduzirem repetidamente aquilo que o voto exige. São chamados 'secretos' porque os fazemos quando crianças e depois esquecemos. Na verdade, tem mais poder em virtude de sua secretividade. Os votos feitos mais tarde na vida agem sobre nós, mas não são tão eficazes. A marca distintiva de um voto secreto é resistir às mudanças, ao processo de amadurecimento. Todos nós fizemos votos secretos na infância, isso é coisa normal. Há os bons e há os destrutivos".(**Votos Secretos**, Dom Cipriano Chagas, OSB. 14, edição Louva a Deus)

Eu não vou ser como a minha mãe, eu nunca vou casar, eu nunca vou ter filhos, se for para ser igual meus pais prefiro ficar sozinho, não confio em homem nenhum, mulher nenhuma presta, não nasci para ser feliz, vou morrer sozinha, no final todos vão me deixar, quero ser igual meu pai, quero ser igual minha mãe, se não for para ter um casamento igual dos meus pais eu não quero. Esses são alguns estilos de votos secretos que podemos ter feito ao longo da vida. Basta estar diante de alguma situação traumática e pronunciarmos essas palavras ou um forte pensamento para que já comecem a agir em nossas vidas.

Como me libertar dos votos secretos? É preciso desfazer estas palavras pelo poder do Sangue de Jesus. Te convido já neste momento fazer também esta oração deixando o Espírito Santo acessar todos estes registros em seu inconsciente:

"No nome de Jesus e pelo poder do Seu sangue, eu tomo autoridade sobre todos os votos secretos que eu fiz em algum momento de minha vida e desfaço e cancelo estas palavras que eu .... (dizer quais votos possam ter sido feitos por você). Me arrependo de tê-las pronunciado e declaro que elas não têm mais poder de ação sobre minha vida, em nome de Jesus e pelo poder de Seu sangue. No nome de Jesus e pelo poder do Seu sangue, eu tomo autoridade sobre os votos na minha linha de família paterna (ou materna) para cancelar qualquer poder dado ao inimigo e quebrar seu poder através de votos que possam ter sido feitos por qualquer um dos meus antepassados de ……….. (dizer os votos familiares). Amém!"

E por último é necessário deixar-se banhar pelo amor. Somente o amor de Deus é capaz de suprir todas as nossas necessidades. Enquanto crianças dependemos do amor e cuidado dos pais, mas adultos já conseguimos perceber que não é o amor deles que define todas as coisas, mas sim o amor de Deus.

"Antes que no seio fosses formado, eu já te conhecia; antes do teu nascimento, eu já te havia consagrado, e te havia designado profeta das nações." (Jr 1, 5)

"Todavia, Deus, que é rico em misericórdia, pelo grande amor com que nos amou, deu-nos vida com Cristo quando ainda estávamos mortos em transgressões - pela graça vocês são salvos." (Ef 2, 4-5)

"Vejam como é grande o amor que o Pai nos concedeu: sermos chamados filhos de Deus, o que de fato somos! Por isso o mundo não nos conhece, porque não o conheceu." (1 Jo 3, 1)

"Amo-te com eterno amor, e por isso a ti estendi o meu favor. Eu te reconstruirei, e serás restaurada, ó virgem de Israel! Virás, ornada de tamborins, participar de alegres danças." (Jr 31,3-4)

"E agora, eis o que diz o Senhor, aquele que te criou, Jacó, e te formou, Israel: "Nada temas, pois eu te resgato, eu te chamo pelo nome, és meu. Se tiveres de atravessar a água, estarei contigo. E os rios não te submergirão; se caminhares pelo fogo, não te queimarás, e a chama não te consumirá. Pois eu sou o Senhor, teu Deus, o Santo de Israel, teu salvador. Dou o Egito por teu resgate, a Etiópia e Sabá em compensação. Porque és precioso a meus olhos, porque eu te aprecio e te amo, permuto reinos por ti, entrego nações em troca de ti." (Is 43,1-4)

Antes que no seio fosses formado, eu já te conhecia. Esta é a verdade que precisa alimentar seu coração e sua alma. Antes de teus pais, há um criador que planejou e pensou em você. Teus pais não poderiam planejar detalhes seus, mas Deus sim. Mesmo que tenha havido alguma rejeição por parte de seus pais ou falhas deles, Deus não falha, Ele te ama.

Pelo olhar amoroso de Deus conseguimos ter um novo olhar sobre nossa história, temos força para perdoar e entender a história de nossos pais ou daqueles que nos feriram. Quando fazemos a experiência do amor e da paciência de Deus, somos capazes de voltar a acreditar no amor e temos mais capacidade de compreender as feridas dos outros. Ninguém nos fere se antes não foi ferido. Quando temos clareza disso e passamos por um caminho de cura temos a capacidade de entender os outros, perdoá-los e prosseguir amando aqueles que passarem por nosso caminho.

Declare: Deus me ama , me cura e me faz capaz de amar aqueles que hoje estão em minha vida. Me declaro livre para amar, para abraçar, para me expressar e para ser aquilo que Deus me criou para ser!

O caminho de cura interior deve ser procurado por todos nós. Se você ainda não viveu esta experiência, eu te indico a procurar uma comunidade ou um sacerdote que possa te acompanhar nesta jornada. No final deste livro eu deixo algumas indicações e contatos de caminhos para cura interior.

Te convido, neste capítulo, a pensar em que você precisa perdoar, quem Deus te inspira a perdoar e fazer esta oração da Ladainha do perdão. Te convido a fazer toda esta ladainha, apenas pular as partes que não cabem com sua realidade (caso não seja casada ou tenha algum relacionamento, não há necessidade de fazer esta parte).

Ladainha do Perdão

Por intercessão de São Rafael, eu inicio meu momento de perdão suplicando o teu perdão, **Senhor Jesus:**

Por não responder minhas orações como eu desejo, eu te perdoo...
Por todas as dificuldades de minha vida, eu te perdoo...
Por todas as enfermidades da minha família, eu te perdoo...
Pelo falecimento de cada um daqueles que amo, eu te perdoo...

Senhor Jesus, por todas as vezes que eu:
Não Te coloquei no centro da minha vida, eu me perdoo...
Usei Teu santo nome em vão, eu me perdoo...
Não amei outras pessoas como Tu as amas, eu me perdoo...
Julguei, condenei, prejudiquei, eu me perdoo...
Fofoquei, menti, enganei ou dei continuidade a rumores, eu me perdoo...
Não aceitei ou não respeitei a mim mesmo ou a outras pessoas, eu me perdoo...
Usei linguagem suja, contei piadas impuras, eu me perdoo...
Abusei do álcool ou das drogas, eu me perdoo...
Usei ou promovi o uso de contraceptivos (anticoncepcionais), eu me perdoo...
Forniquei, masturbei ou cometi adultério, eu me perdoo...
Violei qualquer pessoa, física ou sexualmente, eu me perdoo...
Pratiquei o aborto ou dei materiais pornográficos, eu me perdoo...
Fui rebelde e me afastei de Ti, eu me perdoo...

Senhor Jesus, ajuda-me a **perdoar à minha mãe**, através de um ato da minha vontade:
Por me ter dito que fui um acidente, um peso ou um erro, eu perdoo minha mãe...
Por não me desejar ou me negligenciar, eu perdoo minha mãe...
Por entregar-me para adoção, eu perdoo minha mãe...

Por favorecer um outro filho, eu perdoo minha mãe...
Por manipular, controlar ou reclamar, eu perdoo minha mãe...
Por julgar, condenar e criticar, eu perdoo minha mãe...
Por ser superprotetora ou interferir, eu perdoo minha mãe...
Por não aceitar meus amigos, esposo(a) ou filhos, eu perdoo minha mãe.
Por abusar do álcool ou das drogas, eu perdoo minha mãe...
Por ter casos extraconjugais, eu perdoo minha mãe.
Por separar-se ou divorciar-se do meu pai, eu perdoo minha mãe...
Por casar-se de novo, eu perdoo minha mãe...
Por ficar doente ou morrer, eu perdoo minha mãe...

Senhor Jesus, conceda-me a graça de perdoar **ao meu pai:**
Por criticar, envergonhar ou humilhar as pessoas, eu perdoo meu pai...
Por ser violento fisicamente ou por castigar severamente, eu perdoo meu pai...
Por abuso sexual, verbal ou emocional, eu perdoo meu pai...
Por abusar do álcool ou das drogas, eu perdoo meu pai...
Por jogar ou ser irresponsável financeiramente, eu perdoo meu pai...
Por não dizer: "Eu amo você", eu perdoo meu pai...
Por favorecer um outro filho, eu perdoo meu pai...
Por não me proteger, eu perdoo meu pai...
Por ter casos extraconjugais, eu perdoo meu pai...

Por abandonar a família, eu perdoo meu pai...
Por separar-se ou divorciar-se da minha mãe, eu perdoo meu pai...
Por casar-se de novo, eu perdoo meu pai...
Por ficar doente ou morrer, eu perdoo meu pai...

Senhor Jesus, eu quero perdoar **aos meus irmãos e irmãs**:
Por vingarem-se de mim ou me rejeitarem, eu perdoo meus irmãos...
Por gozarem de mim ou me criticarem, eu perdoo meus irmãos...
Por competirem no amor e na atenção dos nossos pais, eu perdoo meus irmãos...
Por discutirem, brigarem ou causarem escândalos, eu perdoo meus irmãos...
Por abuso físico ou sexual, eu perdoo meus irmãos...
Por mentirem ou roubarem, eu perdoo meus irmãos...
Por serem irresponsáveis, beberem ou se drogarem, eu perdoo meus irmãos...
Por não participarem das funções da família, eu perdoo meus irmãos...
Por ficarem doentes ou morrerem, eu perdoo meus irmãos.

Senhor Jesus, ajuda-me a perdoar **ao meu cônjuge (noivos ou namorados)**, através de um ato da vontade:
Por toda falta de carinho, eu perdoo meu cônjuge...
Por lidar de maneira incorreta com o dinheiro ou negligenciar o pagamento das contas, eu perdoo meu cônjuge...
Por não trabalhar ou trabalhar em excesso, eu perdoo

meu cônjuge...
Por abusar do álcool ou das drogas, eu perdoo meu cônjuge...
Por mentir, roubar ou jogar, eu perdoo meu cônjuge...
Por abuso físico, sexual ou verbal, eu perdoo meu cônjuge...
Por não exercer suas responsabilidades paternais, eu perdoo meu cônjuge...
Por ter casos extraconjugais, eu perdoo meu cônjuge...
Por separar-se, desamparar-me, divorciar-se de mim, eu perdoo meu cônjuge...
Por ficar doente ou morrer, eu perdoo meu cônjuge...

Senhor Jesus, ajuda-me a perdoar **aos meus filhos e netos**:
Por me envergonharem, humilharem ou desobedecerem, eu perdoo meus filhos...
Por mentirem ou roubarem, eu perdoo meus filhos...
Por abusarem do álcool ou das drogas, eu perdoo meus filhos...
Por agirem irresponsavelmente, eu perdoo meus filhos...
Por me magoarem física ou emocionalmente, eu perdoo meus filhos...
Por serem desrespeitosos, eu perdoo meus filhos...
Por não me telefonarem ou visitarem, eu perdoo meus filhos...
Por violentarem alguém sexualmente, eu perdoo meus filhos...
Por serem homossexuais ativos, eu perdoo meus filhos...
Por fornicarem ou cometerem adultério, eu perdoo meus filhos...
Por terem filhos fora do casamento, eu perdoo

meus filhos...
Por praticarem aborto ou induzirem alguém a praticá-lo, eu perdoo meus filhos...
Por se casarem, divorciarem ou casarem de novo, eu perdoo meus filhos...
Por serem católicos não praticantes, eu perdoo meus filhos...
Por abraçarem outra religião, eu perdoo meus filhos...
Por ficarem doentes ou morrerem, eu perdoo meus filhos...

Senhor Jesus, eu quero perdoar **a meus familiares**:
Por interferirem, julgarem, mentirem ou condenarem, eu perdoo minha família...
Por não me amarem, aceitarem e respeitarem, eu perdoo minha família...
Por maus tratos verbais ou físicos, eu perdoo minha família...
Por abuso emocional ou sexual, eu perdoo minha família...
Por magoarem a mim ou àqueles que eu amo, eu perdoo minha família...

Senhor Jesus, conceda-me a habilidade de perdoar **aos meus amigos**:
Por não me apoiarem ou ajudarem em momentos de dificuldades, eu perdoo meus amigos...
Por fofocarem ou criticarem, eu perdoo meus amigos...
Por me forçarem a fazer coisas que eu não queria, eu perdoo meus amigos...
Por cometerem adultério, eu perdoo meus amigos...

Por encorajarem comportamentos pecaminosos, eu perdoo meus amigos...
Por desaparecerem da minha vida, eu perdoo meus amigos...

Senhor Jesus, através de um ato da vontade, eu perdoo:
Aos médicos ou enfermeira, eu lhes perdoo...
Aos advogados e contadores, eu lhes perdoo...
Aos políticos, policiais ou bombeiros, eu lhes perdoo...
Aos militares, eu lhes perdoo...
Aos padres, bispos, cardeais e ao Papa, eu lhes perdoo...
Às freiras, aos irmãos, aos diáconos, eu lhes perdoo...
Aos patrões e aos colegas de trabalho, eu lhes perdoo...

Senhor Jesus, eu desejo a graça de perdoar **a pessoa que mais me magoou:**
Àquela a quem eu disse que jamais perdoaria, eu perdoo essa pessoa...
À pessoa que me é mais difícil de perdoar, eu perdoo essa pessoa...
Através de um ato da vontade, eu perdoo essa pessoa...
Por não me dizer: "Sinto muito", eu perdoo essa pessoa...
Por ser indiferente ou desinteressada, eu perdoo essa pessoa...
Por magoar a mim ou àqueles que eu amo, eu perdoo essa pessoa...

Credo, Pai-nosso, 3 Ave-Marias e Glória.

CAPÍTULO XII:

Mente, primeiro campo de batalha.
Mente fortalecida, atitude concreta

"Um homem teve seu pneu furado numa estrada deserta, à noite, e viu-se sem o macaco para trocar o pneu. Ao longe, avistou uma casa e resolveu ir até lá pedir o macaco emprestado. Enquanto caminhava, ficou pensando que o dono da casa não atenderia a porta por ser tarde, poderia pensar que fosse um bandido. 'Mas logo eu, que sou honesto e trabalhador, só estou precisando de um macaco. Claro que vai me emprestar'. Continuou caminhando e pensando: 'o dono da casa, se abrir a porta, não vai querer emprestar o macaco pra um desconhecido, vai pensar que não vou devolver'. E pensando: 'Mas quem ele pensa que é em não me emprestar? Logo eu, um homem honesto que não deve nada a ninguém'. Pensou: 'vou dizer que as crianças tiraram o macaco e eu não vi, mas ele vai pensar que eu sou um irresponsável de deixar crianças brincando num carro. Logo eu que sou tão cuidadoso com minhas coisas'. E pensamentos negativos continuavam a tomar conta dele. Assim que finalmente chegou à porta da casa, tocou a campainha. O dono da casa apareceu e disse: 'Pois não?' E o homem respondeu: 'Você quer saber? Eu não quero macaco nenhum'."

Inicio este capítulo com essa história para mostrar o quanto podemos, em nossa mente, criar discussões, inúmeros diálogos, acusações e autoacusações, julgamentos, absolvições sem dizer uma só palavra. A mente é a precursora de nossas ações, assim como você pensa, assim será. A palavra de Deus já nos ensina o quanto devemos estar atentos a nossos pensamentos, pois eles podem nos elevar ou nos derrotar. Você sabe liderar os seus pensamentos? Sabe distinguir qual pensamento procede da verdade, da ilusão ou do diabo?

"Não vos conformeis com este mundo, mas transformai-vos pela renovação de vossa mente, para que possais discernir qual é a vontade de Deus, o que é bom, o que lhe agrada e o que é perfeito." (Rm 12, 2)

"Gravem estas minhas palavras no coração e na mente; amarrem-nas como sinal nas mãos e prendam-nas na testa." (Dt 11, 18)

"Eu sou o Senhor que sonda o coração e examina a mente, para recompensar a cada um de acordo com a sua conduta, de acordo com as suas obras." (Jr 17, 10)

Muitas pessoas não sabem que os nossos pensamentos podem ter origens diferentes. Podem vir influenciados por nosso passado, podem vir misturados a ilusões e podem ser sugestões diabólicas.

- Influência do passado:

Tudo que passamos em nossa vida fica gravado em nossa mente. Ouvimos, vimos e vivemos muitas coisas em nossas famílias que deixam marcas em nós. Quem, durante sua formação, foi escutando muitas palavras negativas, muitas críticas, agressões, já irá formar uma linha de pensamentos extremamente negativos e cheio de cobranças. Pessoas que viveram fortes exigências familiares irão formar uma mente perfeccionista e cheia de julgamentos e críticas. Pessoas que viveram com pessoas muito positivas irão formar uma mente positiva e criativa. Muitos adultos hoje, já não vivem mais na presença de seus pais, professores, avós, mas ainda trazem em suas mentes as vozes do passado, como regendo seus pensamentos atuais.

Atendi uma jovem com uma dificuldade muito grande de se relacionar. Ela tinha dificuldade de conversar, de fazer amigos e deixar-se conhecer pelos que estavam perto. Quando fui questionar o motivo que fazia com que ela tivesse tais posturas e dificuldades, ela relatou que se as pessoas a conhecessem não iriam gostar dela. Gastei um tempo neste atendimento para entender de onde vinha esta conclusão que ela tinha a seu respeito. Ao fim do atendimento, ela percebeu quantas conversas internas ela tem se convencendo de que ela é uma pessoa ruim, mas na verdade esse pensamento vem de sua infância. O pai dessa menina era alcoólatra e todas as vezes dizia que ela era culpada pela vida deles ser ruim e que ele começou a beber para dar conta de criar ela, pois engravidaram assim que casaram. Ela, ainda criança, entendeu e definiu que ela era culpada e muito ruim.

Este é um exemplo de que muitos dos nossos pensamentos estão permeados com vozes do passado, e é necessário um caminho de cura interior para desfazer esse emaranhado de mentiras que nos confundem e enganam.

- Influência de ilusões:

A ilusão está muito presente em nossa mente. Segundo a Neurociência, podemos afirmar que muitas coisas que acreditamos serem verdades, podem nem ter acontecido. Muitas memórias que juramos ter, podem ser apenas criação de nossa mente. Tem pessoas que confiam tanto em suas memórias, que não são capazes de se questionar sobre a veracidade do que estão falando e nem gostam de ser questionadas. Lembre-se que não é atoa que tem esse nome: Mente, pois ela às vezes, mente!

    Sempre soube que as ilusões nos assolam, mas tive contato com isso num momento muito difícil de minha vida, que me permitiu ter mais habilidade nesse campo mental. Antes de minha mãe falecer, os médicos chamaram a família para se despedir dela na UTI. Para mim foi chocante entrar naquela UTI, ver minha mãe entubada, sendo que há dois dias ela estava comigo e muito bem. Estar diante dela naquelas circunstâncias, fazer aquele momento de despedida foi muito terrível. Tivemos o velório e o enterro. Passados uns 15 dias, comecei a ter muita dificuldade de me deitar na cama, pois ao me deitar tinha uma crise de pânico. Não podia me deitar que entrava em crise. Ao chegar na terapia, fui trazendo exatamente o que estava acontecendo e depois de muita conversa, lembrei que a imagem que mais voltava a minha mente era esse dia da UTI. Percebi que todas as vezes que deitava, era como se eu sentisse a angústia da minha mãe toda amarrada naquela cama e com aquele tubo. A minha terapeuta me perguntou: "Mas você viu sua mãe toda amarrada? Como ela estava?" mandou eu perguntar para a médica para realmente saber se aquela imagem era real ou ilusão da minha mente. Quando fui investigar com minhas irmãs, com a médica, realmente descobri que eu não vi ela amarrada, ela estava toda coberta, calminha, apenas descobrimos os pés dela para colocar meia e não estava amarrado. Me dei conta que realmente não tinha tido essa imagem, era pura criação da minha mente. Fiquei impactada com tamanha descoberta, pois até aquele momento, as cenas eram vivas na minha memória. Depois que a verdade me alcançou, que realmente me lembrei da memória verdadeira, os sintomas desapareceram instantaneamente.

Quantas vezes você foi enganado por sua mente? Quantas imagens pode jurar ter visto que nem aconteceram? Sabia que você pode ficar anos aprisionada em uma ilusão?

O caminho para sair das ilusões é sempre se permitir ser questionado(a), não levar tão a sério tudo que você pensa, dar um espaço para investigar a veracidade de suas lembranças e pensamentos. Ter algum diretor espiritual ou formador que possa te ajudar neste caminho para juntar sempre os dados de realidade. Não tenha medo de se questionar.

- Sugestões diabólicas:

É possível sofrermos algum tipo de influência diabólica?

A batalha dos anjos é uma batalha intelectual. A guerra dos anjos não se dá com espadas, mas no intelecto. Essa também é a forma que eles se relacionam conosco, eles sugerem pensamentos, tantos os anjos de Deus quanto os demônios ou anjos decaídos. É por isso que a batalha está na mente. Os demônios não têm poder de fazer nada em nós, mas tem o poder de sussurrar nos nossos ouvidos mentiras e começam a confundir nossas ideias e uma vez que influenciam nossos pensamentos, influenciam nossas atitudes. Muitas vezes você começa a ter pensamentos, sonhos diabólicos e uma guerra interna é iniciada. O problema é que muitas vezes não identificamos de onde estão surgindo aqueles pensamentos. Não sabemos que é uma batalha espiritual.

A batalha na mente é para que nós não creiamos na graça de Deus, não creiamos em nós mesmos e no poder que o Senhor nos deu como seus filhos. Quantas vezes o Demônio nos atormenta, nos fazendo acreditar que não fomos curados, que não mudamos nada, que as pessoas não gostam de nós, que coisas ruins estão para acontecer.

Qual tipo de pensamentos que te atormenta?

Há um campo de batalha que se inicia em nossos pensamentos, que nos derrotam, que nos inferiorizam, que nos coloca indignos da graça, que nos deixam enfraquecidos.

Pensamentos inconscientes, conscientes. Pensamentos com recordações antigas, remoendo, ressentindo.

Os bons pensamentos muitas vezes estão enfraquecidos e os maus pensamentos fortalecidos.

Lembre-se que o Diabo é mentiroso, Jesus o chamou de Pai da mentira (Jo 8, 44). Ele trabalha na mentira. Lança ideias mentirosas sobre você, sobre os outros, sobre as circunstâncias, sobre o futuro. Ele não se revela, ela faz de uma forma que nos engana, vai lançando um pensamento por vez, como um bombardeio na mente. Ele se move com calma e astúcia para te fazer acreditar e não identificá-lo. O Demônio fica nos estudando, avaliando, ele sabe o que gostamos ou não. Ele sabe o dia que estamos bem ou mal. Sabe quando estamos mais inseguros e com medo, simplesmente por vigiar nossos atos. Ele não tem o poder de ler seus pensamentos, apenas lançar suas ideias. Mas ele pode te vigiar de forma a saber os melhores dias para te influenciar. Ele está pronto para investir o tempo que for necessário para nos derrotar. Um dos pontos fortes do Diabo é a paciência.

A Palavra diz que as nossas armas não são carnais, mas poderosas em Deus capazes de arrasar fortalezas. E que fortalezas? Satanás tenta estabelecer "fortalezas" em nossa mente. Uma fortaleza é uma área na qual somos mantidos escravizados (em prisão) em decorrência de uma certa forma de pensar, por isso, Paulo nos ensina que precisamos saber dominar e arrasar as fortalezas de Satanás.

Para vencer estes ataques é preciso ter clareza dos ataques ditos (passado e da ilusão). A partir desse conhecimento, é importante saber que esta é a maior das batalhas que se trava em sua mente e a mais comum. Isso quer dizer que você sofre essas tentativas de Satanás diariamente e, em alguns dias, muitas vezes. Depois, é importante ter uma vida de vivência dos sacramentos, uma vida de intimidade com o Senhor. Mas a arma mais poderosa é a obediência. Quando você entender o grande poder da obediência, desejará sempre ter alguém a quem deva obediência. O que derrotou Adão e Eva foi a desobediência à vontade e a ordem de Deus, e o que fez de Maria a grande inimiga de Satanás foi sua capacidade de obedecer em todas as circunstâncias. Satanás não consegue se esconder atrás da obediência, e também por isso Miguel, sabiamente, derrota Satanás com sua humildade e obediência. Satanás não suporta uma alma obediente, ele instiga a todo momento para que você desobedeça, pois assim ele ganha domínio sobre sua vida (não me refiro a possessão, mas sim a opressão). Não existe arma mais poderosa para vencer esse ataque do que a oração e a obediência. Você tem alguém que te conduza espiritualmente, a quem deva obediência?

- Como você pensa, assim você é
Essa palavra de Provérbios 23, 7 é muito forte e impactante, pois nos faz refletir sobre a seriedade do

que passa em nossas mentes. Não podemos deixar todo tipo de pensamento ter espaço em nossas mentes. Muitos acham que, por ninguém saber o que você está pensando, isso te dá o direito de pensar de tudo. Cuidado com isso!! Sua mente precisa estar lavada, blindada e protegida pelo sangue de Jesus. Ela não pode ser um antro de pensamentos de todo tipo. Os pensamentos produzem fruto em sua vida. Tenha bons pensamentos e irá gerar bons frutos, mas o contrário também é verdadeiro.

NÃO DESISTA! Alimente sua mente com bons filmes, bons livros, boas conversas, bons pensamentos, mesmo que lhe pareça difícil purificar seus pensamentos. Lembre-se que você está alinhando uma mente carnal e mundana para pensar com os pensamentos de Cristo. É uma batalha, mas não é impossível!

Tenho tranquilidade em te dizer que você sairá vencedor se persistir até o fim, se alinhar sua vida a de Cristo, se buscar viver a transparência e deixar que algum líder espiritual te conheça em todas as áreas de sua vida para poder te ajudar a identificar estas mentiras que serão lançadas ao longo do dia. Deus está ao seu lado como valente guerreiro, os anjos estão ao seu lado em maior quantidade e estão disponíveis ao teu chamado. Deus tem muito interesse que você se torne vitorioso. Isso definitivamente levará tempo e não será fácil, mas você está indo na direção correta se você escolheu a forma de Deus de pensar. Mentes positivas produzem vidas positivas. Uma mente fortalecida, atitudes concretas. Pensamentos positivos são sempre cheios de fé e de esperança. Pensamentos negativos são sempre cheios de medo e dúvida. Vamos começar hoje este alinhamento?

Afaste pensamentos negativos renunciando em nome de Jesus. Pratique olhar para o lado positivo das coisas e confiar que o Senhor está trabalhando em sua vida sempre. Clame muito a presença dos anjos e creia que eles sempre se colocam ao lado de quem os invoca.

Vinde, São Rafael, nos ajude a combater em nossos pensamentos. Ajude-nos a vencer esta batalha. São Rafael, lute comigo! Quero uma mente fortalecida!

Oração de São Rafael Arcanjo

"São Rafael Arcanjo, sede o nosso guia na estrada da vida. Defendei-me contra toda espécie de ação do Demônio. Pelo poder de Deus, subjuga todos os espíritos do mal. Liberta e afasta de mim e minha família toda tentação, infestação, opressão e ação dos anjos decaídos. Alcançai de Deus a cura de toda enfermidade do corpo e da alma, e apresentai diante do trono de Deus as minhas orações. Amém!"

CAPÍTULO XIII:

Aprenda a lutar como vitorioso

"Foi-me dirigida nestes termos a palavra do Senhor: Antes que no seio fosses formado, eu já te conhecia; antes de teu nascimento, eu já te havia consagrado, e te havia designado profeta das nações. E eu respondi: 'Ah! Senhor JAVÉ, eu nem sei falar, pois que sou apenas uma criança'. Replicou, porém, o Senhor: Não digas: 'Sou apenas uma criança': porquanto irás procurar todos aqueles aos quais te enviar, e a eles dirás o que eu te ordenar. Não deverás temê-los porque estarei contigo para livrar-te – oráculo do Senhor. E o Senhor, estendendo em seguida a sua mão, tocou-me na boca. E assim me falou: 'Eis que coloco minhas palavras nos teus lábios. Vê: dou-te hoje poder sobre as nações e sobre os reinos para arrancares e demolires, para arruinares e destruíres, para edificares e plantares'." (Jr 1,4-10)

Quero finalizar este livro com esta palavra de Jeremias, pois isto é o que o Senhor está dizendo para você. Ele te conhece, tem planos para sua vida, te consagrou, te ungiu e te quer livre de todas as amarras. Aprende a lutar como vitorioso!

Normalmente fazemos como Jeremias: "Ah Senhor eu não sei não, não sei falar. Que medo, sou apenas uma criança, me vejo incapaz, inseguro. Será que vai dar certo?". Diz a história, que Jeremias chegou até a ficar meio gago, a ter uma gagueira nervosa nesse momento, de tanta insegurança. Mas o Senhor que conhece o coração, o mais íntimo do ser, logo vem em socorro dizendo: "Sou eu que vou te dar força. Sou eu que vou colocar essa força em você".

É necessário coragem para mudar a rota da vida e viver uma transformação. Muitas vezes pedimos a Deus que venha em nosso auxílio, mas é preciso coragem para se deixar ajudar. Já pensou nisso? Quantas pessoas vêm em busca de ajuda, querem mudança na vida, mas não se deixam ajudar por não terem coragem de dar novos passos, de confiar e se entregar ao novo. Comecei este livro trazendo um momento de muitos conflitos e meu clamor para que Deus, me mostrasse o que estava acontecendo. Ele veio ao meu encontro, me mostrou o caminho, colocou anjos ao meu lado, mas eu que precisei ter a coragem para desbravar o novo e conquistar a vitória.

Por que muitas vezes é difícil tomar uma decisão? Porque é necessário coragem para decidir-se.

Diante de tudo que você leu até aqui, você pode tomar algumas decisões: gostar do livro, deixar-se inquietar pelo que leu ou este fazer parte de mais um livro de sua biblioteca, sem acrescentar em nada na sua caminhada. Qual a sua decisão?

Tomar uma decisão é se colocar diante de um risco, é um salto no escuro.

Existem algumas decisões que exigem mais prudência e vigilância, mas também é importante dizer que tem muitas prudências que no fundo são mais covardias do que prudência.

A coragem é o arranque da vida

Um antigo historiador dizia que o primeiro dever do homem é o de vencer o medo. Eu acrescentaria que o segundo dever do homem, depois de superar o medo, é atirar-se na vida e tomar decisões. É preciso enfrentar a vida sem medo dos desafios, sabendo que temos um Deus que está ao nosso lado, anjos ao nosso dispor para nos dar auxílio, proteção e direção.

Quantas vezes você ficou acuado(a) diante de coisas na vida, sofrendo e chorando por medo de não conseguir ou já definindo seus fracassos em sua mente? Quantas vezes suas emoções desequilibradas te fazem perder batalhas? Choramos por aquilo que não conseguimos, por aquilo que não fazemos, por aquilo que não vemos, choramos por ver que os outros conquistaram e conseguiram. Chegamos a fazer perguntas como: por que os outros têm, eu não? Por que os outros conseguiram e eu não? Por que Deus abençoou mais a ele que a mim? Por que a vida dela dá certo e a minha é tão atrapalhada?

Essas perguntas, muitas vezes não pronunciadas, mas concebidas no pensamento, nos colocam dentro de uma jaula, dentro de uma gaiola. Não adianta ficar parado(a) diante de seus desafios, é necessário acreditar e ir em direção à vitória. Se você quer ser feliz e conquistar comece a mudança por aqui: ACREDITE QUE VOCÊ PODE E TENHA CORAGEM PARA CONQUISTAR SUAS VITÓRIAS!

O que te impede de voar? De crescer e prosperar? De ser feliz e reconhecida(o) por seus empenhos?

Pode ser que se eu fizesse essas perguntas no início do livro suas respostas seriam desanimadoras, mas agora acredito que sua resposta te coloque diante de uma tomada de decisão. É preciso enfrentar a vida sem medo de errar. Não há mais tempo para este medo, tenha coragem de declarar hoje: "Se eu errar eu vou retificar, vou consertar".

Quantos, por medo de errar, não deram passos. Esse medo nos leva ao nada, nos condena a uma inércia, a uma paralisia. Pessoas que têm medo de iniciativas, que têm medo de dar passos ficam sempre presas em inibições, ansiedades, dúvidas, uma série de perplexidades, sempre titubeando diante das decisões.

Tomar uma decisão não é tomar a decisão certa. É tomar a decisão.
Muitos ficam dias ou anos parados nesta dúvida de qual seria a decisão certa, mas no fundo estão presas no medo de errar. Não existe nenhuma história de vida que não esteja tecida por dilemas e conflitos. Todos nós precisamos enfrentar uma série de definições, precisamos tomar decisões, enfrentar, batalhar e conquistar.

Todo momento exige de nós uma opção. É muito triste pessoas que vivem como se não tivessem opção na vida e não percebem que estão fazendo escolhas a todo instante.

Nós somos rodeados por opções, por exemplo: você pode estar lendo este livro deitado(a), sentada, anotando tudo, rezando, se abrindo as inspirações, lendo um pouco por dia, lendo direto sem parar, lendo em casa, em uma capela, num jardim, enfim, são opções e escolhas.

Não tem como você dizer: não tinha outra opção, não tive escolha.

Nós temos inúmeras opções ao longo do dia e fazemos escolhas a todo momento, mesmo quando elas não são tão conscientes. Ou você começa a tomar as rédeas de sua vida e fazer escolhas melhores e corajosas ou vai continuar instável, medrosa, de atitudes indefinidas com uma vida com poucas conquistas.

O que é muito importante entender neste momento é que se você permanecer parado, inerte, esperando o momento oportuno é provável que descubra que esse momento já passou ou nunca chegará. Já viu aquela pessoa que fica esperando, esperando, esperando e vai perdendo pequenas oportunidades? Se você perde as pequenas oportunidades, você perderá as grandes.

Deus está te chamando hoje a sair da paralisia e da indecisão. Sabia que uma decisão imperfeita quando feita com determinação traz mais resultados do que uma decisão perfeita executada de forma medrosa ou às vezes nem executada? A decisão ela vale mais do que a perfeição!

Uma decisão imperfeita, mas executada até o fim com garra, com determinação trará mais resultado do que uma decisão perfeita, mas cheia de medo.

Vou te fazer algumas perguntas importantes para este momento. Medite e deixe-se questionar:

- Você sabe tomar decisões?

- O medo de errar, o perfeccionismo, aquela mania de querer acertar sempre nos mínimos detalhes, está permeando suas decisões? Onde estas manias tem te feito chegar?

- Você sabe assumir os seus erros, com serenidade e depois corrigir o que for preciso?

- Você procura se empenhar com determinação diante das suas decisões?

Meu irmão, minha irmã, essas quatro perguntas são importantes. Quantos grandes voos, quantas grandes conquistas deixaram de ser abraçadas por causa da covardia. Um exemplo disso é o chamado vocacional. Quantos paralisados com medo de ter uma vocação. A vocação exige uma renúncia, existe sacrifício, mas ela é a maior realização da vida e da alma. Traz uma alegria, uma plenitude que muitos ficam buscando em pessoas e lugares e não encontrarão. Vocação acertada, vida feliz! Diante dessas pessoas sempre pergunto: Medo de quê? De ser feliz? De encontrar um novo caminho?

Estou dando um exemplo vocacional, mas isso serve para novos relacionamentos, para propostas de trabalho, propostas de mudança de estados, país, enfim, questione-se: Medo de que? É justo que eu fique parada aqui por falta de coragem de arriscar?

Tenho reparado o quanto temos a tendência de nos apegar mais as dificuldades do que as alegrias. Temos mais facilidade de falar de problemas e coisas que não deram certo do que celebrar conquistas e vitórias. Arrisque-se acreditar que você pode ser feliz! Não tenha mais medo de acreditar que você pode ser uma pessoa vitoriosa.

Abra em 2 Timóteo 1, 6-9:

"Por esse motivo, exorto-te a reavivar, o dom espiritual que Deus depositou em ti, pela imposição de minhas mãos! Pois Deus não nos deu um espírito de medo, mas um espírito de força, de amor e de sobriedade! Não te envergonhes pois de dar testemunho de Nosso Senhor, nem de mim, pelo contrário, participa do meu sofrimento pelo Evangelho, confiando no poder de Deus, que nos salvou e nos chamou, com vocação santa, não em virtude de nossas obras, mas em virtude do seu próprio desígnio e graça!" Palavra do Senhor! Graças a Deus!

Em Romanos 8, 15-17, podemos complementar: "Com efeito, não recebestes um espírito de escravos, para recair no temor(para recair no medo), mas recebestes um espírito de filhos, filhos adotivos, pelo qual clamamos Abba-Pai! O próprio Espírito se une a nosso espírito para testemunhar que somos filhos de Deus! Se somos filhos, somos também herdeiros! Herdeiros de Deus, co-herdeiros de Cristo, pois sofremos com Ele, para também com Ele sermos glorificados!" Palavra do Senhor! Graças a Deus!

Essas duas Palavras então, complementam o que o Senhor quer te falar. Ele está dizendo: *"Você é filho(a), e eu te dei um espírito de força!"*

E se você perceber, a Palavra vai conectando uma à outra:

... o meu Espírito....

... eu te convido à reavivar...

... eu te exorto à reavivar o dom...

... O Espírito Santo que está em ti.

... Eu te dei um espírito de filho...

... recebeste um espírito de filho adotivo e não de escravos...

O Espírito Santo deseja fazer esta grande transformação em nós. Perceba que em nenhum momento o Senhor nos quer aprisionados. O filho de Deus não foi criado para viver como escravo. É o escravo que vai vivendo assolado pelo medo, pelas tristezas, covardias! Quando eu leio essa Palavra, dentro de mim, é como um grito dizendo:

"Raquel, aprende a viver como filha! Aprende a viver como minha filha! Aprende a deixar eu ser teu Pai, o pai que te cuida, o pai que te ama! Raquel, aprende a viver na minha presença e no meu poder!"

É o Senhor dizendo isso para você também!

"A forma de curar-se das paralisias é viver como filho e filha de Deus!"

Você pode dizer que sempre vive dependente de Deus, mas necessariamente nem sempre isso é consciente!

Eu, Raquel Carpenter, vivo em oração, na presença de Deus, mas quantas vezes fui assolada por medos terríveis!

Preciso também te lembrar que dentro da batalha espiritual, nossas emoções são afetadas a todo instante. Aquele que não tem equilíbrio emocional facilmente é assolado por espíritos perturbadores. Tudo desestabiliza quem não tem equilíbrio emocional. O inimigo de Deus sabe que o medo é capaz de escravizar, por isso, essa é uma das armas mais utilizadas por ele para te paralisar. Fique atento se em alguns momentos você sentiu um ataque deste espírito de amedrontamento. Analise se esse medo tem raiz em você ou se é alguma influência externa e maligna. Após identificação, faça rapidamente uma oração da Armadura de Deus e do Sangue de Jesus, você verá que este sentimento não permanecerá. Já presenciei pessoas que diziam estar tendo uma crise de pânico, que havia começado "do nada" e após oração do sangue de Jesus não sentirem mais absolutamente nada.

Normalmente a batalha inicia assim: um momento do dia começo analisar e percebo pensamentos e sentimentos de solidão, como se estivesse sozinha para tomar tais decisões. Começo a viver achando que toda força está no meu braço, nas minhas capacidades e começo a esquecer Deus e que foi Ele que me enviou e está comigo. Começo a esquecer que nada acontece por acaso. Começo a esquecer que tudo concorre para o bem dos que amam a Deus! E assim inicio uma jornada longe da presença de Deus e começo a perder a batalha.

E quanto mais vou me afastando do único que pode me dar segurança, mais medo vou sentir e mais o inferno se aproxima de ti. Lembre-se da palavra de São Tiago 4,7-8a: "Submetei-vos, pois, a Deus. Resisti ao Diabo, e ele fugirá de vós; aproximai-vos de Deus, e ele se aproximará de vós".

As batalhas serão vencidas quanto mais confiança em Deus você tiver, quanto mais firmeza em Deus você tiver. Quanto mais você permitir Deus curar as raízes doentes, mais livre, feliz e corajoso(a) você será. Deixe Deus ir contigo nos momentos da tua vida! Só Deus pode caminhar contigo e te fazer um VITORIOSO(A)!

Filho e filha, você não é escravo! Você não nasceu para viver como escravo, amedrontado! Você não foi criado para viver escravo de suas emoções. O Senhor está te dizendo:

"Eu não te quero trancafiado! Eu te criei para altos voos! Eu te criei para que alcance altos lugares! Eu te criei para felicidade! É hora de ocupar seu lugar de filho(a)! Sai de dentro desse quarto, sai de dentro dessa jaula! Vem comigo, vamos começar..."

"Por isso não tema, pois estou com você; não tenha medo, pois sou o seu Deus. Eu o fortalecerei e o ajudarei; eu o segurarei com a minha mão direita vitoriosa". (Is 41, 10)

Que neste momento se abra uma esperança corajosa diante de seus olhos. Que suas forças sejam revigoradas, novas energias se carreguem e uma série de novas possibilidade se abram em sua mente. Que venha sobre você uma nova coragem e um espírito de luta, chega de apanhar, agora é hora de defender-se e atacar!

Você vai reparar que aquilo que te parecia tão difícil se tornará acessível. A virtude da coragem começa em você ver que pode. O covarde, o medroso, ele já está derrotado antes da batalha começar. Agora o corajoso já tem em suas mãos, antes do combate começar, a metade da vitória.

Existe uma expressão de William Bennett que diz: "A autêntica covardia está selada pelo ceticismo crônico. Que diante de qualquer empreendimento diz, não é possível. Perde o que há de melhor aquele que diz não é possível. O mundo dormiria se fosse dirigido por homens que dizem que não é possível".

Existe sempre essas duas vozes dentro de nós: a voz que diz que "não é possível" e aquela que te diz "coragem". No recanto da tua alma existe esse tesouro guardado: A virtude da coragem.

É como um presente que precisa ser desembrulhado. Trace uma linha diante de você, uma linha divisória na qual onde de um lado está o medo, a mediocridade, a vida que você já conhece, o caminho e as escolhas que você já conhece. E do outro lado da linha está o novo, o desconhecido, como também a coragem, a magnanimidade, a criatividade, a possibilidade de vitória.

De qual lado da linha você vai escolher ficar?

De um lado está a resposta mais fácil: prefiro ficar por aqui mesmo, não consigo mudar. Mas, do outro lado, está a mais exigente pois exige mudança e esforço.

Estamos na reta final: Vamos mudar ou não? Como começou este livro e como vai terminar? Vamos entrar no ringue e lutar? Vamos equilibrar nossas emoções e deixar o Espírito Santo nos guiar? Já começou a mudança? Então vamos começar um planejamento agora mesmo? Qual atitude nova? Pode ser pequena. A mínima atitude já é uma atitude.

"Levanta-te, sê radiosa, eis a tua luz! A glória do Senhor se levanta sobre ti. Vê, a noite cobre a terra e a escuridão, os povos, mas sobre ti levanta-se o Senhor, e sua glória te ilumina. As nações se encaminharão à tua luz, e os reis, ao brilho de tua aurora. Levanta os olhos e olha à tua volta: todos se reúnem para vir a ti; teus filhos chegam de longe, e tuas filhas são transportadas à garupa. Essa visão te tornará radiante; teu coração palpitará e se dilatará, porque para ti afluirão as riquezas do mar, e a ti virão os tesouros das nações. Serás invadida por uma multidão de camelos, pelos dromedários de Madiã e de Efá; virão todos de Sabá, trazendo ouro e incenso, e publicando os louvores do Senhor. Eles os farão subir sobre meu altar para minha satisfação, e para a honra de meu templo glorioso. Quem é que voa assim como as nuvens, ou como as pombas volvendo ao pombal? Sim, as frotas convergem para mim, e os navios de Társis abrem a marcha, para trazer de longe teus filhos, bem como sua prata e seu ouro, para honrar o nome do Senhor, teu Deus, o Santo de Israel, que te cobriu de glória. Tuas portas ficarão abertas permanentemente, nem de dia nem de noite serão fechadas, a fim de deixar afluir as riquezas das nações sob a custódia de seus reis. Porque a nação ou o reino que recusar servir-te perecerá, e sua terra será devastada. A glória do Líbano virá a ti, e todos juntos, o cipreste, a faia e o buxo, para ornamentar meu lugar santo e honrar o lugar onde pousam meus pés. Os próprios filhos de teus opressores a ti virão humilhados; a teus pés se prostrarão todos aqueles que te desprezavam; eles te chamarão a cidade do Senhor, a Sião do Santo de Israel. De abandonada e amaldiçoada, sem ninguém para te socorrer, farei de ti um objeto de admiração para sempre, um motivo de alegria para as gerações futuras. Sugarás o leite das nações, e mamarás ao peito dos reis: saberás que eu, o Senhor, sou teu salvador, que teu redentor é o Poderoso de Jacó. Em vez de bronze, farei vir ouro; em lugar de ferro, farei vir prata; em vez de madeira, bronze; em vez de pedras, ferro, farei reinar sobre ti a paz, e governar a justiça. Não se ouvirá mais falar de violência em tua terra, nem de devastações e de ruínas em teu território. Chamarás tuas muralhas "Salvação", tuas portas, "Glória". Não terás mais necessidade de sol para te alumiar, nem de lua para te iluminar: permanentemente terás por luz o Senhor, e teu Deus por resplendor. Teu sol não mais se deitará, e tua lua não terá mais declínio, porque terás constantemente o Senhor por luz, e teus dias de luto estarão acabados. Teu povo será um povo de justos que possuirá a terra para sempre; será uma planta cultivada pelo Senhor, obra de suas mãos destinada à sua glória. Do menor nascerá toda uma tribo, e do mínimo, uma nação poderosa, sou eu, o Senhor, que em tempo oportuno realizarei essas coisas." (Is 60)

Quero te propor ao final deste livro 40 dias de oração nesta Quaresma de São Rafael. Este caminho espiritual irá coroar suas mudanças e conquistas. Como Tobias que saiu de casa diante de terríveis circunstâncias, mas voltou cheio de abundantes novidades e soluções para aquilo que diante de sua família parecia impossível, assim acontecerá contigo. Declaro um tempo de vitórias e conquistas em sua vida por intercessão de São Rafael e pelo Sangue de Jesus!

CAPÍTULO XIV:

*Quaresma
de São Rafael
Arcanjo*

A quaresma de São Rafael Arcanjo pode ser feita em qualquer período do ano. São 40 dias de oração, exceto aos domingos. Durante esta quaresma prepare seu local de oração com a capelinha a São Rafael, com uma vela abençoada em Honra a São Rafael. Você deverá ungir-se com óleo exorcizado ao iniciar, acender seu incenso em honra a São Rafael (nos dias propostos pela quaresma) e finalizar todos os dias aspergindo água benta em sua casa ou local de trabalho. Durante toda a quaresma, além da missa dominical pelo menos uma vez por semana, participar de uma missa em honra a São Rafael (você coloque esta intenção na missa).

Intenções:

1. Pela Santa Igreja, pelo Santo Padre, pelos Bispos, pelos Sacerdotes, Diáconos, Religiosos(as) e pelos Seminaristas;

2. Pela cura das enfermidades físicas, mentais e espirituais;

3. Pela situação política, econômica e moral em nosso País;

4. Coloque as suas intenções especiais. Sugiro escrever suas intenções e colocar diante da Capelinha de São Rafael.

ORAÇÃO PARA TODOS OS DIAS

EM NOME DO PAI, DO FILHO E DO ESPÍRITO SANTO. AMÉM!

ORAÇÃO INICIAL DE
SÃO RAFAEL ARCANJO:

São Rafael Arcanjo, sede o nosso guia na estrada da vida. Defendei-me contra toda espécie de ação do Demônio. Pelo poder de Deus, subjuga todos os espíritos do mal. Liberta e afasta de mim e minha família toda tentação, infestação, opressão e ação dos anjos decaídos. Alcançai de Deus a cura de toda enfermidade do corpo e da alma, e apresente diante do trono de Deus as minhas orações. Amém.

MEDITAÇÃO DE CADA DIA
(Confira a partir da página 184)

Ladainha de São Rafael
Senhor, tende piedade de nós.
Cristo, tende piedade de nós.
Senhor, tende piedade de nós.
Jesus Cristo, ouvi-nos.
Jesus Cristo, atendei-nos.
Deus Pai, Criador dos espíritos celestes. Tende piedade de nós.
Deus Filho, Redentor do Mundo, a quem todos os anjos são submissos. Tende piedade de nós.
Deus Espírito Santo, vida dos anjos. Tende piedade de nós.

Santíssima Trindade, que sois um só Deus, Glória dos Santos Anjos, tende piedade de nós.
Santa Maria, rainha dos anjos, rogai por nós.
São Rafael, anjo da saúde, rogai por nós.
São Rafael, um dos sete espíritos que estão sempre diante do trono de Deus, rogai por nós.
São Rafael, fiel condutor de Tobias, rogai por nós.
São Rafael, que afastais para longe os espíritos malignos, rogai por nós.
São Rafael, que levais nossas preces ao trono de Deus, rogai por nós.
São Rafael, auxílio nas tribulações, rogai por nós.
São Rafael, consolo nas necessidades, rogai por nós.
São Rafael, defensor dos casamentos, rogai por nós.
São Rafael, protetor das famílias, rogai por nós.
São Rafael, condutor dos filhos e auxílio dos pais, rogai por nós.
São Rafael, anjo de cura e libertação, rogai por nós
Cordeiro de Deus, que tirais o pecado do mundo, perdoai-nos.
Cordeiro de Deus, que tiras o pecado do mundo, ouvi-nos.
Cordeiro de Deus, que tirais o pecado do mundo, tende piedade de nós.
Jesus Cristo, ouvi-nos.
Jesus Cristo, atendei-nos.
Rogai por nós, glorioso São Rafael, anjo de cura, libertação e protetor das famílias, para que sejamos dignos das promessas de Cristo, para sempre. Amém.
OREMOS: Ó Deus, que, em vossa inefável providência, fizestes São Rafael o condutor fiel de vossos filhos em suas viagens, humildemente vos imploramos

que possamos ser conduzidos por ele no caminho da salvação e experimentemos seu auxílio nas doenças do corpo e da alma. Por Jesus Cristo, Nosso Senhor. Amém.

Consagração a São Rafael

São Rafael Arcanjo, que está diante do trono de DEUS oferecendo nossas orações, te venero como mensageiro e amigo especial de DEUS. Escolho-te como meu protetor, desejo amar-te e obedecer-te como fez o jovem Tobias. A Ti consagro meu corpo, minha alma, todo meu trabalho e toda a minha vida. Quero-te como meu guia e conselheiro em todos os perigos, dificuldades e decisões difíceis da minha vida. Lembra, querido São Rafael, que as graças de DEUS te preservam como todos os Anjos bons no céu, enquanto os soberbos foram lançados no inferno. Te imploro, me ajude no combate contra o mundo, a carne e o Diabo. Defendei-me de todos os perigos e de toda a ocasião de pecado. Guia-me sempre no caminho da paz, segurança e salvação. Oferece minhas orações a DEUS como ofereceste as de Tobias para que, por tua intercessão, obtenha as graças necessárias para a salvação de minha alma. Lembra-te e recomenda-me sempre diante do FILHO de DEUS. Ajuda-me a amar e servir fielmente a meu DEUS, a morrer em sua graça e, finalmente, a merecer unir-me a Ti na visão e louvor a DEUS no Céu para sempre. Amém.

Consagração aos corações de Jesus e de Maria

Sacratíssimos Corações de Jesus e de Maria, a Vós me consagro, assim como toda minha família. Consagramos a Vós nosso próprio ser, toda nossa vida, tudo o que somos, tudo o que temos, e tudo o que amamos. A Vós damos nossos corações e nossas almas, a Vós dedicamos nosso lar e nosso país, conscientes de que através desta Consagração nós, agora, prometemo-Vos viver cristãmente praticando as virtudes de nossa religião, sem nos envergonharmos de testemunhar a fé. Ó Sacratíssimos Corações de Jesus e de Maria, por favor, aceitai esta humilde oferta de entrega de cada um de nós, através deste ato de Consagração. Nossa esperança é colocada em vós, com a certeza de que jamais seremos confundidos. Sacratíssimo Coração de Jesus, tende misericórdia de nós. Coração Imaculado de Maria, sede nossa salvação. Santos Anjos e Arcanjos, protegei-nos e guiai-nos. Amém.

Ladainha em honra do Preciosíssimo Sangue de Jesus
Senhor, tende piedade de nós.
Cristo, tende piedade de nós.
Senhor, tende piedade de nós.
Jesus Cristo, ouvi-nos.
Jesus Cristo, atendei-nos.
Deus Pai dos céus, tende piedade de nós.
Deus Filho, redentor do mundo, tende piedade de nós.
Deus Espírito Santo, tende piedade de nós.
Santíssima Trindade, que sois um só Deus, tende piedade de nós.
Sangue de Cristo, Sangue do Filho Unigênito do Eterno Pai, salvai-nos.
Sangue de Cristo, Sangue do Verbo de Deus encarnado, salvai-nos.

Sangue de Cristo, Sangue do Novo e Eterno Testamento, salvai-nos.

Sangue de Cristo, correndo pela terra na agonia, salvai-nos.

Sangue de Cristo, manando abundante na flagelação, salvai-nos.

Sangue de Cristo, gotejando na coroação de espinhos, salvai-nos.

Sangue de Cristo, derramado na cruz, salvai-nos.

Sangue de Cristo, preço da nossa salvação, salvai-nos.

Sangue de Cristo, sem o qual não pode haver redenção, salvai-nos.

Sangue de Cristo, que apagais a sede das almas e as purificais na Eucaristia, salvai-nos.

Sangue de Cristo, torrente de misericórdia, salvai-nos.

Sangue de Cristo, vencedor dos demônios, salvai-nos.

Sangue de Cristo, fortaleza dos mártires, salvai-nos.

Sangue de Cristo, virtude dos confessores, salvai-nos.

Sangue de Cristo, que suscitais almas virgens, salvai-nos.

Sangue de Cristo, força dos tentados, salvai-nos.

Sangue de Cristo, alívio dos que trabalham, salvai-nos.

Sangue de Cristo, consolação dos que choram, salvai-nos.

Sangue de Cristo, esperança dos penitentes, salvai-nos.

Sangue de Cristo, conforto dos moribundos, salvai-nos.

Sangue de Cristo, paz e doçura dos corações, salvai-nos.

Sangue de Cristo, penhor de eterna vida, salvai-nos.

Sangue de Cristo, que libertais as almas do Purgatório, salvai-nos.

Sangue de Cristo, digno de toda a honra e glória, salvai-nos.

Cordeiro de Deus, que tirais os pecados do mundo, perdoai-nos, Senhor.
Cordeiro de Deus, que tirais os pecados do mundo, ouvi-nos, Senhor.
Cordeiro de Deus, que tirais os pecados do mundo, tende piedade de nós, Senhor.
V. Remistes-nos, Senhor com o Vosso Sangue.
R. E fizestes de nós um reino para o nosso Deus.

Oremos: Todo-Poderoso e Eterno Deus, que constituístes o Vosso Unigênito Filho, Redentor do mundo, e quisestes ser aplacado com o seu Sangue, concedei-nos a graça de venerar o preço da nossa salvação e de encontrar, na virtude que Ele contém, defesa contra os males da vida presente, de tal modo que eternamente gozemos dos seus frutos no Céu. Pelo mesmo Cristo, Senhor nosso. Assim seja. Amém.

Oração Final
Glorioso Arcanjo São Rafael, celeste mensageiro destinado por Deus para nos servir de guia na peregrinação desta vida, para nos defender contra as ciladas do Demônio e para curar as enfermidades da nossa alma e do nosso corpo. Nós invocamos vossa poderosa intercessão, seguros de que alcançareis por nós e nossas famílias aquelas graças singulares que dispensastes na santa casa de Tobias.
Bem sabeis piedoso Arcanjo, que nossa viagem do tempo à eternidade, está cercada de perigos, e que o demônio, como leão rugindo, nos persegue para causar profundas feridas em nossas almas, até apagar nelas, se

for possível, a luz salvadora da fé. Vinde, pois, em nosso auxílio, e dignais ser nosso inseparável companheiro.

Dirigi nossos passos ao caminho dos mandamentos divinos fazendo que nossos olhos estejam sempre abertos ao sol da verdade; procurando os remédios mais eficazes para curar e encher de fervor nosso espírito.

Ensina-nos, ó poderoso arcanjo, a vencer a Satanás com as armas poderosas da oração, da vigilância e da mortificação dos nossos sentidos. Consolidai em nossas famílias o reinado da fé, a prática constante da piedade, o espírito de união e o exercício da santa caridade em favor dos pobres e dos nossos queridos mortos, a fim de que eles recebam do céu abundantes bênçãos que, por mediação vossa derramou Deus sobre o lar de Tobias.

Não nos abandoneis, pois, ó santo Arcanjo! Vigiai sempre ao nosso lado para que nossos passos sejam sustentados por vós, todas as vezes que sintamos desfalecidos na penosa e difícil jornada da vida. Nosso Senhor, Deus Todo-Poderoso, que estais nos céus, e que é também o vosso, nos há confiado a vossa terna solicitude para que seja nosso guia neste desterro, nosso consultor nas dúvidas e nosso médico nas enfermidades. Coroais vossa obra de amigo fiel e condutor seguro, acompanhando nossas almas até as deixar nos braços de seu criador para amar-lhe e bendizer-lhe eternamente. Amém.

São Rafael, guiai, curai, libertai a mim e a minha família! (3 vezes)

MEDITAÇÕES PARA CADA DIA DA QUARESMA

1º dia - "O Arcanjo Rafael é um dos seres espirituais mais íntimos e próximos de Deus. A ele a tradição judaico-cristã, atribui o ministério da cura e libertação de todos os males do corpo e da alma. São Rafael é considerado guardião da saúde e da cura física, emocional e espiritual." (página 15)

Ao iniciar esta quaresma, nos colocamos na presença de Deus, com a ajuda de São Rafael, e apresentamos hoje nossa principal intenção para esses dias de oração!

2º dia - "Entendemos que os anjos são uma realidade em nossa vida e trazem uma mensagem de Deus para nós. São seres reais que estão sempre diante de Deus (cf. Mt 18, 10), e agem em nosso favor . Por isso, pode-se dizer que, estando na presença dos anjos, os seres humanos nunca estão sozinhos. Deus os colocou ao nosso lado, não só para nos guardarem (§ 336), mas também para nos relacionarmos com eles."

Neste segundo dia acolha São Rafael como seu amigo nesta jornada e faça um oferecimento da quaresma em honra a ele. (página 16)

3º dia - "Ó Deus, que em inefável bondade tendes enviado o abençoado Rafael como condutor e guia de vossos devotos em sua jornada, humildemente imploramos a vós que possamos ser conduzidos por ele neste caminho para nossa salvação e experimentar a sua ajuda na cura das moléstias de nosso corpo, mente e alma. Tudo por Jesus Cristo, Nosso Senhor." Amém.

Neste terceiro dia apresente todas as necessidades do corpo, de sua mente e de sua alma. Coloque nas mãos de São Rafael para que ele leve até o trono de Deus. Creia que você não está mais sozinho, ele está assumindo sua causa. (página 19)

4º dia - "O nome Rafael, significa Deus cura ou medicina de Deus e se contrapõe ao seu adversário direto: o chamado demônio Asmodeu, que significa: 'Aquele que faz perecer'. Esta sua contraposição ao espírito maligno, apresentado pelo livro de Tobias, demonstra já sua missão e seu ministério junto a nós por graça divina.

Logo, podemos também afirmar que o companheiro e protetor do jovem Tobias é também o arcanjo da vida, que lutará conosco para defender-nos de toda ameaça de morte física e espiritual."

Deseje profundamente neste dia viver uma profunda restauração em sua vida. O Anjo da Vida está passando em seu caminho agora e nada mais ficará da mesma forma. Se abra a acreditar na ação deste Arcanjo em sua Vida. (página 23)

5º dia - "O corpo padece quando a mente adoece, mas esta mesma mente que te adoece é a que te cura. Se tua mente for curada, ela também irá abrir as portas de cura para todo teu corpo.

(...) O Arcanjo Rafael, o arcanjo da vida, exerce também seus ministérios para a cura das doenças, da nossa alma e da nossa mente. Ele deseja te resgatar de todas as formas de morte para VIDA."

Neste dia, apresente sua mente a Deus e peça por intercessão do Arcanjo Rafael sua mente seja fortalecida.Coloque suas mãos em sua cabeça e faça esta oração de súplica. (página 24)

6º dia - "Quer dizer que Tobit estava pagando por algo ou sendo provado por ter sido bom? Absolutamente não! O bem sempre vencerá o mal e em tua vida você jamais levará prejuízo se amou o bastante. Para que a luz irradiada seja mais forte, passará por algumas purificações. É por isso então que a oração dos angustiados tocam o coração de Deus. O Todo Poderoso não ficará impassível ao grito de socorro, e logo ele entrará em ação a favor do velho justo de Nínive."

Apresente todas as injustiças, maldades, perseguições, maus pensamentos que te afligem ou afligem sua família. Que toda angústia seja curada neste dia. (página 26)

7º dia - "Os anjos se comunicam conosco diferentemente do modo como nos expressamos. Eles possuem o dom de iluminar nossas mentes e ao mesmo tempo fazer-nos escutar sua voz em forma de locução interior."

Neste dia, peça também a intercessão de seu anjo da guarda, Ele está contigo também e neste dia irá te iluminar para que você viva um momento de novas revelações. (página 33)

8º dia - "Sara decide voltar atrás em sua decisão, através deste pensamento que lhe vem como que externamente. É justamente aqui que a graça divina começa a agir no coração dilacerado da jovem. Depois de orar, Deus em sua glória escuta a sua oração e envia o Arcanjo Rafael para curar Tobit e libertar Sara das artimanhas de Asmodeu!". (Tb 3, 16)

Neste dia, clame a misericórdia de Deus para que se inicie um caminho de profunda cura e libertação em sua vida. (página 33)

9º dia - Honrarás tua mãe todos os dias de tua vida,

porque te deves lembrar de quantos perigos ela passou por tua causa (quando te trazia em seu seio). Quando ela morrer, tu a enterrarás junto de mim. Quanto a ti, conserva sempre em teu coração o pensamento de Deus; guarda-te de consentir jamais no pecado e de negligenciar os preceitos do Senhor, nosso Deus.

Neste dia, apresente a Deus a vida de seus pais e sua história de vida com eles. Mesmo que sejam falecidos, faça a entrega de toda sua história de vida com eles. (página 34)

10º dia - Oração de Tobit:

"Dá esmola dos teus bens e não te desvies de nenhum pobre, pois, assim fazendo, Deus tampouco se desviará de ti. Sê misericordioso segundo as tuas posses. Se tiveres muito, dá abundantemente; se tiveres pouco, dá desse pouco de bom coração. Assim acumularás uma boa recompensa para o dia da necessidade. Porque a esmola livra do pecado e da morte e preserva a alma de cair nas trevas. A esmola será para todos os que a praticam um motivo de grande confiança diante do Deus Altíssimo.(...)"

Neste dia, una à sua oração uma atitude concreta. Pense em alguém que possa estar precisando de ajuda ou faça uma doação a alguma instituição ou dê uma esmola a algum necessitado. (página 34)

11º dia - Oração de Tobit

"(...)Guarda-te, meu filho, de toda a fornicação. Fora de tua mulher, não te autorizes jamais um comércio criminoso.* Nunca permitas que o orgulho domine o teu espírito ou as tuas palavras, porque ele é a origem de todo mal. A todo o que fizer para ti um trabalho, paga o seu salário na mesma hora. Que o pagamento de teu operário não fique um instante em teu poder. Guarda-te de jamais fazer a outrem o que não quererias que te fosse feito. Come o teu pão em companhia dos pobres e dos indigentes. Cobre com as tuas próprias vestes os que estiverem desprovidos delas. (...)"

Neste dia, una à sua oração um ato de arrependimento. Busque um sacerdote e faça uma confissão pessoal. Caso necessite, no próximo capítulo tem um profundo exame de consciência para te ajudar na preparação. (página 34)

12º dia - Oração de Tobit
"(...)Põe o teu pão e o teu vinho sobre a sepultura do justo, mas não o comas, nem o bebas em companhia dos pecadores. Busca sempre conselho junto ao sábio. Bendize a Deus em todo o tempo e pede-lhe que dirija os teus passos, de modo que os teus planos estejam sempre de acordo com a sua vontade."

Neste dia, una à sua oração um jejum. Se caso, por motivo de enfermidade não for possível fazer um jejum, faça uma abstinência. (página 35)

13º dia - "Tobias então recebe a bênção para se casar com Sara e tudo começa a ser preparado. Ao se casarem, Tobias se lembrou das orientações de Rafael e fez conforme lhe havia ensinado. Pegou o fígado e o coração do peixe, que estavam em sua sacola e colocou para queimar no queimador de incenso. O cheiro do peixe expulsou Asmodeu, que fugiu para as regiões do alto Egito, mas foi perseguido pelo Arcanjo Rafael e acorrentado."

Hoje, é o primeiro dia que acendemos nosso incenso para que todo mal seja expulso de nossa vida e nossa casa. Ao acender, faça sua prece clamando a libertação de todo mal. (página 36)

14º dia - "Depois Tobias e Sara começaram a rezar pedindo misericórdia, clamando a proteção de Deus e de seus anjos. Tobias venceu Asmodeu e foi cura para o coração de Sara e daquela família que pode se alegrar com a Vitória sobre o mal."
Neste dia, clame a proteção de Deus e decida-se colocar Deus me primeiro lugar na sua vida. Desde ao acordar, clame a presença dos anjos a te protegerem. A oração para iniciar o dia junto aos anjos está no próximo capítulo. (página 36)

15º dia - "Passado o tempo da festa de casamento, Tobias e Sara retornaram para casa de Tobit e ao chegarem Rafael o lembrou de passar agora o fel sobre os olhos do pai. Passou aquele unguento nos olhos do pai assim que o encontrou e ao retirar as mãos, seu pai recuperou a Vista."
Neste dia, o Senhor deseja nos curar de toda enfermidade física. Caso não esteja com nenhuma enfermidade, pense em algum enfermo e clame a cura para ele. (página 36)

16º dia - "Onde entra a revelação do Arcanjo? Em todo o momento ele nunca esteve longe. O príncipe do céu intercedeu por Sara e por sua humilhação desde o princípio. Veja o que ele diz ao se revelar a Tobit:
"Quando tu e Sara fazíeis oração, era eu que apresentava vossas súplicas diante da glória de Deus e as lia" (Tb 11,12)"
Hoje é o segundo dia que acendemos nosso incenso para que todo mal seja expulso de nossa vida e nossa casa. Ao acender, faça sua prece e São Rafael levará ao Trono de Deus (página 37)

17º dia - "Através de seu arcanjo, o Senhor nos cura e liberta. Deus não faz as coisas pela metade. Por isso se você precisa de cura interior ou libertação em alguma área da tua vida, saiba que Deus te concederá a graça completa e não em partes."
Neste dia, já inicie agradecendo a Deus na certeza de que grande curas já estão acontecendo. (página 37)

18º dia - Ao meditar sobre a história de Tobit, Sara e Tobias podemos ver a força e a presença do Arcanjo Rafael. Ele nos ensina a combater no corpo, na mente e no Espírito. Este Arcanjo está em ordem de batalha, com cálice do sangue de Jesus para te fazer vitorioso.
Neste dia, se coloque em ordem de batalha pela sua libertação. Renuncie toda preguiça, toda vida velha e assuma uma postura de vitorioso. Creia que a oração pode mudar o curso natural das coisas. (página 43)

19º dia - Dentro da batalha espiritual entendi que devemos começar pelas nossas emoções, pois esta é uma área onde o demônio muito nos ataca, confunde e fragiliza. Quem tem uma mente fortalecida vence as tentações, os ataques, identifica onde estão os enganos e consegue ter uma abertura grandiosa a Deus, deixando "Deus ser Deus".
Hoje é dia de clamar pelo fortalecimento de sua mente. Que todo negativismo, pessimismo, maus pensamentos, inseguranças, complexos sejam curados e uma nova maneira de pensar e manifeste em você. (página 43)

20º dia - É preciso saber discernir o que é de ordem emocional e o que é combate espiritual. Em todo esse tempo em que Deus foi me preparando para lutar e vencer os combates fui aprendendo o quanto é importante conhecer e saber lidar com as emoções, ter equilíbrio emocional, o que hoje chamamos de Inteligência emocional, que é um dos muitos aspectos da inteligência humana.

Hoje vamos clamar a Deus que nos dê o dom do discernimento dos espíritos. Este é um dom do Espírito Santo que todos devemos pedir para sabermos identificar o que é de ordem natural e o que é de ordem maligna. Este dom permite-nos identificar qual espírito está impulsionando ou está influenciando uma ação, uma situação, um desejo, uma decisão a tomar, algo que nos digam ou ofereçam. (página 43)

21º dia - Santa Teresa Dávila escreveu: "O autoconhecimento é tão importante que, por mais próximo que você esteja do céu, eu gostaria que não descuidasse do cultivo de sua percepção de si mesmo." É preciso ter percepção de si para saber nomear, entender e compreender a emoção que estamos vivendo.

Hoje necessitamos clamar a Deus esta graça do autoconhecimento. É necessário buscar em Deus este caminho para realmente conhecer-se e transformar-se. (página 44)

22º dia - Muitos perguntam: será que existe felicidade? A felicidade é um estado de espírito, não é uma ilusão, nem algo passageiro, no entanto se não existe estabilidade emocional não tem como ser feliz.

Declare neste dia a abertura de um novo tempo em sua vida, um tempo de felicidade. Que todo medo de ser feliz, toda falta de autorização pessoal para felicidade sejam quebrados pelo Sangue de Jesus. (página 45)

23º dia - A vitória mais difícil é sobre você mesmo. É você saber controlar seus pensamentos, você saber controlar os seus sentimentos, domar o que é ruim em si mesmo. Isso é o mais difícil e o mais necessário.

Hoje é dia de desejar ter auto domínio, o dom da temperança. Este dom procura dominar as emoções fundamentais de alegria e de tristeza. A temperança refreia a avidez sensual do homem, o desejo de comer, beber e usar mal a sexualidade. Ela tem a tarefa simples, mas importante de regular estas paixões e de as sujeitar ao domínio da razão. Deus, na sua sabedoria, criou o universo e o homem numa ordem harmoniosa: quanto mais natural for uma ação, tanto mais agradável é. (página 48)

24º dia - Muitos estão tentando tratar suas questões buscando respostas somente no presente. Buscam um terapeuta, buscam a oração, mas apenas olhando o hoje. É preciso visitar o passado, para entender o presente e reescrever o futuro.

Hoje é o terceiro dia que acendemos nosso incenso para que toda nossa história seja visitada e uma grande cura interior aconteça; Ao acender, faça sua prece clamando a a cura e a libertação de todo mal. (página 58)

25º dia - Como estavam os teus pais quando se conheceram? Quando eles engravidaram de você? Como é que estava o casamento? Como é que estava a situação financeira? Aconteceu algum evento enquanto a mãe estava grávida? Seu pai esteve presente ali durante a gestação? Como é que foi a recepção de todo mundo quando soube que a mãe estava grávida? Como foi a descoberta do sexo? Se era menino, se era menina? era mais de um filho, qual filho? Primeiro, segundo, terceiro filho, décimo? Isso faz muita diferença. O primeiro filho está inaugurando a Família. Como foi isso na época? O último filho está encerrando um ciclo, como foi esse processo?

Neste dia, coloque sua história aos pés de São Rafael e peça esta cura profunda em sua gestação. Se tiver uma foto de sua mãe grávida ou você neném coloque agora diante de seu oratório. (página 60)

26º dia - Além da gestação ainda existe outra realidade muito presente em nós, mas que também muito pouco damos atenção: é o que recebemos das nossas linhas de família paterna e materna, ou o que chamamos de heranças familiares.

Coloque hoje toda sua árvore genealógica nas mãos de São Rafael pedindo uma grande libertação de todas as heranças malditas; (página 65)

27º dia - É possível ainda, que os nossos avós, bisavós, tataravós, etc, tenham trancado lá no fundo do coração suas experiências sofridas, tenham guardado suas mágoas, seus pecados, tudo aquilo que foi difícil, sem se darem conta da importância de olhar para dentro de si e tratar suas dores.

Hoje, vamos clamar pedindo perdão a Deus em nome de todos os nossos antepassados que morreram sem o perdão de Deus. Apresente a Deus todos os falecidos de sua família. (página 66)

28º dia - Tudo que está ali escondido, 'trancafiado no armário' tem poder de ocultamente agir na nossa vida, e em toda a nossa família, a partir daquele ocorrido.

Através desse caminho que mostrei acima, muitos

espíritos maus podem ter ação em nossa vida e história familiar, entre eles o espírito de morte.

Hoje você viverá uma grande libertação de todo espírito de morte que de alguma forma tenta roubar sua saúde e sua alegria. Clame por esta libertação. (página 68)

29º dia - O medo é uma emoção básica é amoral, não é boa nem ruim, a grande questão é como lidamos com ele e todas as demais emoções. É necessário LIBERTAR-SE DA PARALISIA, LIBERTAR-SE DO QUE TE PRENDE, LIBERTAR-SE DO QUE TE LIMITA, LIBERTAR-SE DE TODA ALGEMA QUE FOI COLOCADA EM VOCÊ.

Coloque hoje todo tipo de paralisia diante de São Rafael e peça sua libertação. (página 79)

30º dia - O primeiro passo que se faz necessário para se libertar das amarras do medo é acreditar que você pode vencê-los, mas se continuar a repetir que não é possível e que não vai conseguir, certamente Deus não poderá fazer nada em sua vida. Lembre-se que a coragem não é a ausência do medo, a coragem é o enfrentamento do medo.

Hoje é dia de acreditar na vitória. Declare-se agora vitorioso diante de toda tribulação e medo. (página 85)

31º dia - De acordo com algumas linhas da psicologia existem seis medos básicos que assolam muitas pessoas e que muitas vezes nem nos damos conta: Medo da pobreza, medo de ficar velho, medo da crítica ou de errar, medo de perder quem se ama, medo da doença e medo da morte.

Diante destes 6 tipos de medos apresentados, qual

deles mais te assola? Peça hoje a cura total deste medo. (página 87)

32º dia - "Entenda o quão saudável é falar de suas tristezas e dar espaço para revisitar lugares e rever posturas.... A tristeza pode ser a mola para grandes mudanças na vida. Toda emoção é acionada para provocar em nós alguma atitude, mas nunca permanece em nós. Ninguém deve ficar sempre sob a mesma emoção, as emoções são passageiras, elas vem com seu propósito, geram movimento e partem".
Hoje é o quarto dia que acendemos nosso incenso para que todo mal seja expulso de nossa vida e nossa casa. Ao acender, faça sua prece clamando a libertação de todo mal. (página 98)

33º dia - "A experiência de viver o luto é única, cada um vive a dor ao seu modo. O luto é como o amor, é uma experiência viva e será contada de formas variadas por cada pessoa. O luto deve ser vivido. Não é vergonhoso sentir e vivê-lo, mas a sociedade quer que você viva a felicidade sem tolerar a tristeza, mas a tristeza é uma emoção humana que precisa ser vivida, pois senão volta depois em forma de sintoma, de problema de relacionamento. É uma emoção muito importante para ser rejeitada."
O Senhor quer nos curar hoje da dor do luto. Não importa a quanto tempo você viveu uma perda, apresente agora para o Senhor para que Ele te liberte de toda dor e enfermidades que possam ter sido originadas do luto. (página 100)

34º dia - Sara sentiu uma tristeza tão profunda que pensou em desistir da própria vida. A vergonha, a angústia, a desesperança, a frustração, o fracasso, a perda de sentido de vida são alguns dos sentimentos que acompanham aqueles que sofrem graves impactos emocionais. Como lidar com este momento de tamanha escuridão?

São Rafael trará a cura para toda tristeza e depressão. Peça esta cura profunda e apresente a ele todas as pessoas que você conhece que sofrem com depressão, angústias e ansiedades. (página 109)

35º dia - Esses são os três caminhos para que você descubra o sentido da sua vida. Ás vezes é no meio do sofrimento que você vai descobrir qual é o sentido de sua vida. As vezes é no meio da dor que você vai compreender e encontrar uma força, ou como no meu caso no meio da angústia e da escuridão da alma que esta pergunta vai ecoar: qual o sentido?

Qual o sentido de sua vida? Clame para que hoje são Rafael te ajude a enxergar que sua história tem propósito. (página 114)

36º dia - Meu amado(a) o mundo tem trabalhado para que não encontremos este sentido, esta força, pois quanto mais pessoas vivendo de forma medíocre, sem vitalidade, sem ânimo, mais doentes e fáceis de serem manipuladas. Acorda, você está sendo visitado pelo ANJO DA VIDA, São Rafael Arcanjo. (página 115)

37º dia - "É importante dizer que, a emoção da raiva, a irritação e a ira possuem a mesma raiz, mas têm diferença: a raiva é a emoção, a irritação é a sensação física da raiva, e a ira é evolução da raiva dentro de si, é a autorização do domínio desta.

Está ligada à defesa ou ao ataque. Pode ser despertada em nós por uma sensação ou percepção de ataque"

Clame a libertação e cura de todo desequilíbrio, agressividade, raiva contida e enfermidades provenientes desta emoção mal utilizada. (página 123)

38º dia - "Sara sofreu inúmeros ataques em sua vida afetiva, sonhava em ter a sua família, mas esse caminho foi de grandes sofrimentos. Para que este sonho fosse realidade ela precisou ser visitada por São Rafael para junto a Tobias trilharem este caminho de cura e libertação. Será que sua vida afetiva precisa de cura também?"

Apresente toda sua vida afetiva e sexual a Deus neste dia e peça que São Rafael traga esta cura. Peça a cura para todos os seus relacionamentos, para os casais que você conhece e aqueles que estão pedindo a Deus um parceiro(a) (página 133)

39º dia - A mente é a precursora de nossas ações, assim como você pensa, assim será. A palavra de Deus já nos ensina o quanto devemos estar atentos a nossos pensamentos, pois eles podem nos elevar ou nos derrotar. Você sabe liderar os seus pensamentos? Sabe distinguir qual pensamento procede da verdade, da ilusão ou do Diabo?

Coloque a mão sobre sua mente e peça hoje a Deus um real domínio sobre seus pensamentos. (página 151)

40º dia - *"O Senhor está dizendo para você. Ele te conhece, tem planos para sua vida, te consagrou, te ungiu e te quer livre de todas as amarras. Aprende a lutar como vitorioso!"*

Hoje é o último dia que acendemos nosso incenso. Ao acender, faça sua prece de gratidão a Deus e a São Rafael toda graça recebida. (página 163)

CAPÍTULO XV:

Orações diversas aos Santos Anjos

1) NOVENA A SÃO RAFAEL ARCANJO

INTENÇÃO INICIAL (PARA CADA DIA) São Rafael Arcanjo, vós que sois lança e bálsamo do Amor Divino, feri o nosso coração e depositai nele um amor ardente a Deus. Que esta chaga não se apague para que nos faça perseverar todos os dias na verdadeira caridade. Amém!

ORAÇÃO PARA CADA DIA DA NOVENA
1º DIA: "Tem ânimo, porque é fácil a Deus curar-te." (Tb 5, 13)
Senhor, pela intercessão de São Rafael, dá-nos a graça de sermos reanimados e testemunharmos Tua presença em nós.
(Rezemos: 1 Pai-Nosso, 3 Ave-Marias e 1 Glória)
Testemunho de Fé: Levar essa palavra de esperança a quem necessita.

2º DIA: "Logo que entrares em tua casa, adorarás o Senhor teu Deus e dar-lhe-ás graças." (Tb 11,7).
Senhor, pela intercessão de São Rafael, torne nossos lares verdadeiras Igrejas domésticas.
(Rezemos: 1 Pai-Nosso, 3 Ave-Marias e 1 Glória)
Testemunho de Fé: Com o sinal da Cruz, abençoe cada cômodo de sua casa, consagrando-a ao Senhor Jesus.

3º DIA: "A paz esteja convosco!" (Tb 12,17)
Senhor, pela intercessão de São Rafael, sejamos cheios da Tua Paz e a transbordemos para todos.
(Rezemos: 1 Pai-Nosso, 3 Ave-Marias e 1 Glória)
Testemunho de Fé: No dia de hoje, seja instrumento de Paz para todos que encontrar.

4º DIA: "... Te aproximarás da jovem, no temor, do Senhor...." (Tb 6,22a)
Senhor, pela intercessão de São Rafael, santificai os casais, levando-os a viver uma vida com Deus.
(Rezemos: 1 Pai-Nosso, 3 Ave-Marias e 1 Glória)
Testemunho de Fé: Partilhe esta oração com um casal conhecido.

5º DIA: "Bendigo-vos, Senhor Deus de Israel, porque depois de me terdes provado, me salvaste." (Tb 11,17)
Senhor, pela intercessão de São Rafael, cura-nos de toda cegueira espiritual e nos conceda a graça de caminhar olhando sempre para Jesus, fonte de toda a realização e felicidade. (Rezemos: 1 Pai-Nosso, 3 Ave-Marias e 1 Glória)
Testemunho de Fé: Procure fazer hoje uma visita ao Santíssimo.

6º DIA: "Eu o Levarei até lá e te conduzirei." (Tb 5,15)
Senhor, pela intercessão de São Rafael, possamos sempre ser conduzidos nos teus caminhos de verdade, justiça e caridade.
(Rezemos: 1 Pai-Nosso, 3 Ave-Marias e 1 Glória)
Testemunho de Fé: Faça uma oração de abandono.

7º DIA: "Agora, o Senhor enviou-me para curar-te." (Tb 12,14)
Senhor, pela intercessão de São Rafael, nos conceda a cura física e emocional para estarmos sempre disponíveis para o amor e o serviço do Reino de Deus.
(Rezemos: 1 Pai-Nosso, 3 Ave-Marias e 1 Glória)
Testemunho de Fé: Visita e oração a um doente.

8º DIA: "Mas perseverou firme no Temor a Deus." (Tb 2,14)
Senhor, pela intercessão de São Rafael, derrame bênçãos de conversão para a minha família. Despertando em cada um o Temor a Deus.
(Rezemos: 1 Pai-Nosso, 3 Ave-Marias e 1 Glória)
Testemunho de Fé: Ore apresentando cada membro de sua família ao Senhor Jesus.

9º DIA: "Bendizei o Deus do Céu e dai-lhe glória!" (Tb 12,6a)
Senhor, pela intercessão de São Rafael, dá-nos um coração agradecido a Ti, por todas as graças já recebidas.
(Rezemos: 1 Pai-Nosso, 3 Ave-Marias e 1 Glória)
Testemunho de Fé: Dê um testemunho público sobre uma graça recebida.

ORAÇÃO FINAL (para cada dia)
Ó Deus que em Vossa inefável bondade nos enviaste São Rafael para conduzir-nos em nossos caminhos, humildemente vos imploramos. Possamos ser sempre por ele nos caminhos da Salvação e experimentemos Seu auxílio nas doenças nas doenças da alma e do corpo. Por nosso Senhor Jesus Cristo. Amém!

2) ORAÇÃO PELOS DOENTES

Possa o glorioso São Rafael Arcanjo, médico encarregado de nossa saúde, vir do alto Céu, curar todos os que estão doentes (pausa para colocar os nomes) e resolver as difíceis situações que por vezes nos encontramos. Ficai conosco Arcanjo, vós a medicina de Deus. Afastai para longe de nós todas as doenças da alma e do corpo e, trazei saúde para as nossas mentes. Rogai por nós, São Rafael Arcanjo, para que sejamos dignos da misericórdia de Cristo. Amém!

3) ORAÇÃO PARA SAIR DE CASA

Guiai-me, Deus onipotente e misericordioso, no caminho da paz e da prosperidade.

Acompanhai-me o Arcanjo Rafael para que eu volte para casa são e salvo. Amém!

4) ATO DE ENTREGA SOLENE AO ARCANJO SÃO RAFAEL

Poderoso São Rafael, esclarecido Príncipe da Corte celeste, um dos sete espíritos que estão sempre diante do Altíssimo, protetor da Nação Brasileira e guia dos Tobias, Raqueis e Saras brasileiros! Eu, (dizer o nome), em presença da Santíssima Trindade, da Imaculada Virgem Maria, Rainha e Padroeira do Brasil e dos nove coros angélicos, entrego-me hoje a Vós, para ser um dos vossos servos durante todo o tempo de minha terrena peregrinação. Prometo-Vos diante dos céus e da terra, não passar um só dia de minha vida, sem venerar-Vos e sem oferecer-Vos minhas súplicas, penas e trabalhos. Enquanto de mim depender, esforçar-me-ei para que outros também Vos honrem, para assim, todos juntos experimentarmos os efeitos de vossa proteção. Ó Santo Arcanjo! Acolhei benignos minhas humildes ofertas, e recebei-me no número dos vossos protegidos, que conhecem por experiência, a eficiência do vosso patrocínio.

Solícito Guia dos viajantes! Dirigi-me durante a peregrinação perigosa desta vida.

Ó condutor celeste de Tobias! Inspirai-me o modo de poder vencer o monstruoso peixe, meu inimigo infernal, fazendo com que o furna de fígado e o unguento de seu fel sirvam para remédio de meu corpo e de minha alma.

Protetor dos desvalidos! Livrai-me de todos os perigos que possam ameaçar a minha alma e o meu corpo.

Refúgio e amparo dos desgraçados! Socorrei-me em minha indigência espiritual e corporal. Consolador dos aflitos! Mitigai as dores que oprimem meu coração e enchem de angústia o meu espírito. Médico celeste dos enfermos! Curai as enfermidades da minha alma e conservai-me a saúde para empregá-la em servir mais fervorosamente aquele que é nosso Supremo Senhor.

Protetor generoso das famílias cristãs, lançai para minha família um olhar bondoso, para que meus irmãos e todos os bens da família experimentem os efeitos do vosso Patrocínio. Fortaleza das almas tentadas! Livrai-me das sugestões perigosas do inimigo infernal Asmodeu e não permitais que jamais caia em seus laços satânicos.

Benfeitor insigne das almas caritativas! Sabendo o quanto desejais que vossos protegidos se entreguem ao exercício da caridade para com o próximo, para participarem de vossos benefícios, tomo hoje em vossa presença a firme resolução de nunca desprezar ocasião alguma de acudir em socorro de meu próximo, conforme o permitirem os meus recursos.

  Dignai-vos ó Santo Azarias, aceitar a minha humilde oferenda e alcançar-me, por meio do vosso maná vivo do céu, a graça de sentir durante toda a minha vida, e muito mais na hora da morte, os efeitos da vossa poderosa afeição. Assim seja.

1 Pai-Nosso, 1 Ave-Maria e 1 Glória ao Pai.

5) ORAÇÃO PEDINDO PROTEÇÃO A SÃO RAFAEL ARCANJO

  Ó Deus, que em inefável bondade tendes enviado o abençoado Rafael como condutor e guia de vossos devotos em sua jornada, humildemente imploramos a vós que possamos ser conduzidos por ele no caminho de nossa Salvação e experimentar sua ajuda na cura das moléstias de nossa alma. Tudo por Jesus Cristo, nosso Senhor. Amém.

6) ORAÇÃO A SÃO RAFAEL ARCANJO EM VIAGENS E EM SOLUÇÕES DE NEGÓCIOS DIFÍCEIS

  Deus misericordioso e justo, que destes o bem aventurado Arcanjo Rafael como guia ao vosso servo Tobias, concedei a mim, vosso humilde servo, a graça de ser protegido por ele e assistido pelo seu socorro.

  Glorioso príncipe, Arcanjo Rafael, lembrai-vos de mim. Aqui e em toda parte, rogai sempre por mim, filho de Deus. Peço-vos isso em nome de Nosso Senhor Jesus Cristo.

São Rafael, dotado da graça especial de me proteger, em face de Deus, rogai por mim.

Rezar 1 Pai-Nosso, 1 Ave-Maria e 1 Credo

7) SÚPLICA ARDENTE AOS SANTOS ANJOS

DEUS UNO e TRINO, Onipotente e Eterno! Antes de suplicarmos aos Vossos servos, os Santos Anjos, prostramo-nos diante de Vós e Vos adoramos PAI, FILHO e ESPÍRITO SANTO! Bendito e louvado sejais por toda a eternidade! E que todos os Anjos e homens, por Vós criados, Vos adorem, Vos amem e Vos sirvam, ó DEUS Santo, DEUS Forte, DEUS Imortal! E vós, Maria, Rainha de todos os Anjos, aceitai benigna as súplicas dirigidas aos vossos servos e apresentai-as junto do trono do Altíssimo – vós que sois a Onipotência suplicante e Medianeira das graças, – a fim de obtermos graça, salvação e auxílio. Amém.

Poderosos Santos Anjos, que por DEUS nos fostes concedidos para nossa proteção e auxílio, em nome da Santíssima TRINDADE nós vos suplicamos: Vinde depressa, socorrei-nos!

Nós vos suplicamos em nome do Preciosíssimo Sangue de Nosso Senhor JESUS CRISTO: Vinde depressa, socorrei-nos!

Nós vos suplicamos pelo poderosíssimo Nome de JESUS: Vinde depressa, socorrei-nos! Nós vos suplicamos por todas as chagas de Nosso Senhor JESUS CRISTO: Vinde depressa, socorrei-nos!

Nós vos suplicamos por todos os martírios de Nosso Senhor JESUS CRISTO: Vinde depressa, socorrei-nos!

Nós vos suplicamos pela Palavra santa de DEUS: Vinde depressa, socorrei-nos! Nós vos suplicamos pelo Coração de Nosso Senhor JESUS CRISTO: Vinde depressa, socorrei-nos!

Nós vos suplicamos em nome do amor que DEUS tem por nós pobres: Vinde depressa, socorrei-nos!

Nós vos suplicamos em nome da fidelidade de DEUS por nós pobres: Vinde depressa, socorrei-nos!

Nós vos suplicamos em nome da misericórdia de DEUS por nós pobres: Vinde depressa, socorrei-nos!

Nós vos suplicamos em nome de MARIA, Mãe de DEUS e nossa Mãe: Vinde depressa, socorrei-nos!

Nós vos suplicamos em nome de MARIA, Rainha do Céu e da terra: Vinde depressa, socorrei-nos!

Nós vos suplicamos em nome de MARIA, vossa Rainha e Senhora: Vinde depressa, socorrei-nos!

Nós vos suplicamos pela vossa própria bem-aventurança: Vinde depressa, socorrei-nos! Nós vos suplicamos pela vossa própria fidelidade: Vinde depressa, socorrei-nos!

Nós vos suplicamos pela vossa luta na defesa do Reino de DEUS: Vinde depressa, socorrei-nos!

Nós vos suplicamos: Protegei-nos com o vosso escudo! Nós vos suplicamos: Defendei-nos com a vossa espada! Nós vos suplicamos: Iluminai-nos com a vossa luz! Nós vos suplicamos: Salvai-nos sob o manto protetor de Maria! Nós vos suplicamos: Guardai-nos no Coração de Maria! Nós vos suplicamos: Confiai-nos às mãos de Maria! Nós vos suplicamos: Mostrai-nos o caminho que conduz à Porta da Vida: o Coração aberto de Nosso Senhor! Nós vos suplicamos: Guiai-nos com segurança à Casa do PAI celestial!

Todos vós, nove coros dos espíritos bem-aventurados: Vinde depressa, socorrei-nos! Vós, nossos companheiros especiais, a nós dados por DEUS: Vinde depressa, socorrei-nos!

Insistentemente vos suplicamos: Vinde depressa, socorrei-nos!

O Sangue Preciosíssimo de Nosso Senhor e Rei foi derramado por nós pobres. Insistentemente vos suplicamos: vinde depressa, socorrei-nos!

O Coração de Nosso Senhor e Rei bate por amor de nós pobres. Insistentemente vos suplicamos: vinde depressa, socorrei-nos!

O Coração Imaculado de Maria, Virgem puríssima e vossa Rainha, bate por amor de nós pobres.

Insistentemente vos suplicamos: vinde depressa, socorrei-nos!

São Miguel Arcanjo, vós, príncipe dos exércitos celestes, vencedor do dragão infernal, recebestes de DEUS força e poder para aniquilar, pela humildade, a soberba dos poderes das trevas. Nós vos suplicamos que nos ajudeis a ter uma verdadeira humildade de coração, uma fidelidade inabalável no cumprimento contínuo da vontade de DEUS e a fortaleza no sofrimento e na penúria. Socorrei-nos para subsistirmos perante o tribunal de DEUS!

São Gabriel Arcanjo, vós, Anjo da Encarnação, mensageiro fiel de DEUS, abri os nossos ouvidos também às suaves exortações e chamadas do Coração amoroso de Nosso Senhor. Nós vos suplicamos que fiqueis sempre diante do nosso olhar para compreendermos bem a palavra de DEUS, a seguirmos e lhe obedecermos e, assim, realizarmos aquilo que DEUS quer de nós. Ajudai-nos a estar sempre disponíveis e vigilantes, de modo a que o Senhor, quando vier, não nos encontre dormindo!

São Rafael Arcanjo, vós, flecha de amor e remédio do amor de DEUS, nós vos suplicamos, feri o nosso coração com o amor ardente de DEUS e nunca deixeis que esta ferida sare, para que, também no dia a dia, permaneçamos sempre no caminho do amor e tudo vençamos através do amor!

Socorrei-nos, vós, nossos irmãos grandes e santos, que conosco servis diante de DEUS! Defendei-nos de nós próprios, da nossa covardia e tibieza, do nosso egoísmo e avareza, da nossa inveja e desconfiança, da nossa avidez de fartura, bem-estar e estima pública. Desatai em nós as algemas do pecado e do apego às coisas terrenas. Tirai dos nossos olhos as vendas que nós mesmos nos pusemos para não precisarmos ver a miséria ao nosso redor e permanecermos, assim, sossegados numa contemplação e compaixão de nós mesmos. Cravai no nosso coração o aguilhão da santa inquietude por DEUS, para que não cessemos de procurá-Lo com ânsia, contrição e amor. Contemplai o Sangue de Nosso Senhor, derramado por nossa causa! Contemplai as lágrimas da vossa Rainha, choradas por nossa causa! Contemplai em nós a imagem de DEUS, que Ele por amor imprimiu na nossa alma e agora está desfigurada por nossos pecados! Auxiliai-nos a conhecer DEUS, adorá-Lo, amá-Lo e servi-Lo! Auxiliai-nos na luta contra os poderes das trevas que, disfarçadamente, nos envolvem e afligem. Auxiliai-nos para que nenhum de nós se perca e, um dia, nos reunamos todos, jubilosos, na eterna bem-aventurança. Amém.

Durante a novena rezamos de manhã a Súplica Ardente, e durante o dia invocamos muitas vezes os Santos Anjos: São Miguel, assisti-nos com os vossos

Anjos, ajudai-nos e rogai por nós! São Gabriel, assisti-nos com os vossos Anjos, ajudai-nos e rogai por nós! São Rafael, assisti-nos com os vossos Anjos, ajudai-nos e rogai por nós! (Com aprovação eclesiástica do Vicariato de Roma em 06/02/1997, Luigi Moretti, Secretário Geral)

8) ORAÇÃO DE CLAMOR AOS ANJOS PARA FAZER PELA MANHÃ

"Anjo de Deus, que sois a minha guarda, e a quem fui confiado por celestial piedade, iluminai-me, guardai-me, dirigi-me e governai-me. Amém."

9) EXAME DE CONSCIÊNCIA PARA UMA BOA CONFISSÃO INDIVIDUAL

"Vós fostes lavados, fostes santificados, fostes justificados pelo nome do Senhor Jesus Cristo e pelo Espírito do nosso Deus" (1 Cor 6, 11).

Precisamos de tomar consciência da grandeza do dom de Deus que nos foi concedido nos sacramentos da iniciação cristã, para nos apercebermos de até que ponto o pecado é algo de inadmissível para aquele que foi revestido de Cristo (7). Mas o apóstolo São João diz também: "Se dissermos que não temos pecado, enganamo-nos a nós mesmos, e a verdade não está em nós" (1 Jo 1, 8). E o próprio Senhor nos ensinou a rezar: "Perdoai-nos as nossas ofensas" (Lc 11, 4), relacionando o perdão mútuo das nossas ofensas com o perdão que Deus concederá aos nossos pecador (CIC 1423).

É chamado sacramento da conversão, porque realiza sacramentalmente o apelo de Jesus à conversão (4) e o esforço de regressar à casa do Pai (5) da qual o pecador se afastou pelo pecado. É chamado sacramento da Penitência, porque consagra uma caminhada pessoal e eclesial de conversão, de arrependimento e de satisfação por parte do cristão pecador (CIC 1423). É chamado sacramento da confissão, porque o reconhecimento, a confissão dos pecados perante o sacerdote é um elemento essencial deste sacramento. Num sentido profundo, este sacramento é também uma "confissão", reconhecimento e louvor da santidade de Deus e da sua misericórdia para com o homem pecador. E chamado sacramento do perdão, porque, pela absolvição sacramental do sacerdote. Deus concede ao penitente "o perdão e a paz" (6). E chamado sacramento da Reconciliação, porque dá ao pecador o amor de Deus que reconcilia: "Deixai-vos reconciliar com Deus" (2 Cor 5, 20). Aquele que vive do amor misericordioso de Deus está pronto para responder ao apelo do Senhor: "Vai primeiro reconciliarte com teu irmão" (Mt 5,24) - (CIC 1424).

Diante deste entendimento e desejando uma profunda conversão, vamos iniciar um profundo exame de consciência, avaliando as nossas faltas diante dos mandamentos da Igreja: Os mandamentos são uma exigência do amor. Deus nos pede para o amarmos e nos amarmos. Será que o fazemos?

Amando a Deus acima de tudo: Neguei a fé? Duvidei da existência de Deus? Escarneci da religião? Deixei de rezar por muito tempo? Vivi em ativismo, esquecendo minha oração? Declarei que o matrimônio, o sacerdócio, a confissão, a missa estão ultrapassados? Obedeci aos pedidos de Deus para mim ou esqueci os propósitos que havia feito? A quem (ou o que) dei a maior atenção? Fiz da minha família, trabalho, apostolados, programas, idéias ou outras coisas boas meu primeiro amor? Sei na prática o que é confiar no amor e o poder de Deus? Confio tudo a Deus ou quero fazer tudo eu sozinho? Confio em Deus quando tudo parece ir mal? Ou questiono a Deus quando estou atravessando um momento difícil? Caí na superstição ou outra prática religiosa alheia ao cristianismo? Sei o que é esperar no Senhor, escutá-lo? Tenho feito isso? Quando me dá algum ensinamento eu o guardo em meu coração e procuro aprofundá-lo? Incluo meu esposo/a (ou outra pessoa formada e prudente) em meu discernimento ou só lhes informo de minhas decisões? Escuto, obedeço e respeito aos que têm legítima autoridade sobre mim (leis justas, chefes, etc.)? Que critérios tenho para determinar se algo que quero fazer é do Espírito Santo ou é meu? Parece-me importante ter e seguir sempre esses critérios? Uso os dons que Deus me deu para sua glória? Estou aberto a receber novos dons segundo Deus disponha? Procuro conhecer na oração a vontade de Deus para minha vida? Obedeço o ensino do magistério ou interpreto à minha maneira? O que motiva minha vida, a vontade de Deus ou meus próprios "bons" planos (minha vontade)? Permito que Deus me guie ou lhe "entrego" os planos já feitos para que os abençoe? Meus gostos, critérios, dúvidas, confusões, pensamentos, atitudes e valores, em que instâncias não estiveram sob o Senhor? Em meus gostos, meus critérios, medos, dúvidas, confusões...

Não tomando o seu Santo Nome em vão: Cantei músicas blasfemas? Zombei da Igreja, das cerimônias religiosas ou de seus representantes? Falei mal do Santo

Padre, o Papa? Acusei a Igreja de ser falsa, ou desonesta? Acusei Deus de injusto? Roguei pragas? Contei piadas em que Deus aparece como personagem, rindo dEle? Jurei em falso, ou à toa? Vivi a minha fé com desleixo?

Guardando os dias santificados: Passei o Domingo na frente da televisão? Faltei na missa nesse mesmo dia? Fiz piada com a santa missa? Disse que "já assisti missas que chega"? Fui na missa para "cumprir a obrigação"? Dediquei uma parte do meu tempo a Deus, lendo a Bíblia e rezando? Dei mais atenção as coisas do mundo neste dia que deve ser dedicado a oração, e descanso? Coloquei outras coisas como prioridade ao invés de ir a missa? Rejeito o pecado embora este seja aceitável segundo a cultura? Pensei ou atuei levianamente como se a retidão dos Santos é "exagero"? Evitei a ocasião de pecado: ambientes, programas, más amizades...? Procuro que Deus me mostre meu pecado (também pecados velhos e esquecidos)? Reconheço e reparo com responsabilidade meus pecados e faltas ou me justifico? Quando me corrigem, fico agradecido? Quando foi minha última confissão? Minimizei o pecado por pena? Houve mudanças? Fiz uma confissão completa ou escondi algo? Há algo (hábito, ferida, complexo) que o inimigo usa para seu proveito? O que faço para permitir que Deus me liberte? Devo me reconciliar com alguém e não o tenho feito?

Honrando pai e mãe: Fui desobediente aos pais, autoridades ou superiores? Desejei-lhes algum mal, talvez a morte? Obedeci-lhes em coisas contrárias à lei de Deus? Negligenciei como pai e mãe ou irmão mais velho, os deveres de educação e instrução religiosa? Omiti ou menti algo dos meus pais ou superiores?

Faltei com respeito à alguma autoridade? Dou tempo à família? Jantar juntos? Diversões?

Não matando: Tive ódio? Recusei o perdão a quem me pediu? Desejei a morte para mim ou para outros? Pensei em desistir da minha vida? Ensinei a praticar pecados? Seduzi alguém ao pecado? Defendi o assassínio de bebês através do aborto? Desejei a guerra, ou me entusiasmei por ela? Falei que "a terra tá cheia demais, e precisa mesmo morrer gente"? Parei de falar com as pessoas por raiva delas? Viro o rosto quando passo na rua por alguém que não gosto? Falo da vida de alguém para uma terceira pessoa, espalhando má imagem do outro?

Guardando a castidade; Não cobiçando a mulher (ou marido) do próximo: Tenho visto revistas e filmes pornográficos? Faço ou aprovo o sexo sem o matrimônio ou fora do matrimônio? Defendi ou propaguei a sua leitura? Acaso me divirto observando na rua o corpo das pessoas, e fazendo gracejos com elas, ou em conversas indecentes sobre as pessoas que passam? Tenho me vestido de maneira sensual? Provoquei os outros com meu comportamento? Fiz intriga para acabar namoros ou casamentos que eu não aprovava, ou cobiçava? Aprovo a prostituição? Sou promíscuo? Zombei da virgindade de alguém? Me envergonhei da minha virgindade, rejeitando-a? Usei palavreados desnecessário abrindo brechas aos pensamentos e sentimentos indevidos? Busquei ajuda para equilibrar a minha sexualidade? Vivo escravo de pensamentos e desejos que distorcem quem eu sou? Vivo como quem acha normal atos contra a santidade?

Não roubando; Não cobiçando as coisas alheias: Prejudiquei alguém ou tive desejo de prejudicar, enganando no troco, nos pesos e nas medidas, ou roubando? Roubei ou não devolvi coisas que peguei emprestado, canetas, livros ou coisas mais? Fiz dívidas desnecessárias à subsistência? Paguei as minhas dívidas? Comprei fiado, sem ter como pagar? Gastei meu salário com outras coisas, faltando em casa para a comida e contas? Recusei a dar esmolas, nem que seja de comida? Roubei de Deus o dinheiro que devia dar a Ele para o sustento da Igreja e de minha comunidade? Deixei de devolver algo que não me pertence? Paguei com justiça os meus empregados?

Não mentindo: Falei mal dos outros pelas costas? Fui fiel à verdade ao comentar acontecimentos passados, com as pessoas que eram envolvidas? Exagerei ou inventei qualidades para ganhar um emprego ou subir no emprego? Prejudiquei alguém com minhas palavras? Fiz alguém perder o emprego? Fiz juízo errado das pessoas? Duvidei da honestidade de alguém? Acusei algum mendigo ou pedinte de desonestidade? Revelei faltas ocultas dos outros? Ridicularizei ou humilhei alguém na frente dos outros? Fui fingido? Digo aos outros que sou católico mas não frequento a Igreja? Caluniei os sacerdotes e religiosas? Me permito ficar rodeado por minhas próprias ilusões e verdades, jurando sempre estar certo? Quantas vezes já deu o "braço a torcer" dizendo me perdoa ou eu te amo?

Quem inspira minhas palavras: Deus ou meu ego? Quis dar minha opinião em tudo? Digo a verdade? Revelei segredos? Julguei ou fiz fofocas? Queixei-me procurando comiseração ou desafogo? Pus minha atenção ao indevido?

Falei o que não edifica: piadas grosseiras, que ferem a alguma raça, nacionalidade etc.? Vestindo os que estão nus: Tenho roupas demais? Tenho o armário cheio de roupas e digo "não tenho o que vestir"? Me visto só com roupas da moda? Já dei uma roupa nova e bonita a alguém que precisava dela? O que faço com as roupas que me sobram?

Consolar os aflitos: Tenho conversado com meus filhos, ensinando-os a moral cristã? Tenho ensinado eles ou os outros a não pecar, por amor a Deus? Tenho aconselhado os pais a batizar os filhos, e os pecadores a se confessar? Aconselhei alguém a evitar o suicídio, ou a não usar drogas? Me ofereço para dar catequese? Perdoar as injúrias; Sofrer com paciência as fraquezas do próximo;

Corrigir os que erram: Tenho tido paciência com os erros dos outros? Tenho perdoado com facilidade a quem me ofendeu? Tenho alertado às pessoas de vida errada? Tenho alertado aos jovens promíscuos sobre o seu erro? Tenho corrigido meus filhos quando erram? Sou testemunho? Sou sal da terra e luz do mundo? Me esforço de todo coração para que Cristo seja conhecido e amado por todos? Estou em comunhão com o espírito missionário da Igreja? Levo a minhas amizades ao Senhor ou deixo que elas me arrastem ao mundo? Quando evangelizo, faço com segurança ou como se fosse uma opinião qualquer? Respondo ao Espírito ou me paralisa pensar no "que dirão"? Domínio das Emoções: Ressentimentos, caprichos, impulsos, medos…. Quais são minhas emoções mais salientes? Submeto-as ao Senhor para as processar para o bem? De que forma estão afetando meu comportamento? Procuro primeiro meu interesse e comodidade ou servir com amor?

Diante do ORGULHO, só penso em mim e nos meus problemas? Sou indiferente aos problemas e dificuldades dos outros? Sou arrogante? Sempre quero ter razão em tudo? Nunca abro mão de meus pensamentos ou convicções? As minhas preocupações e projetos estão sempre em primeiro lugar? Acho-me melhor que o outro?

Sou ingrato (a): nunca agradeço ao que fazem por mim? Nunca estou errado? Não reconheço os meus erros? Não consigo pedir perdão ao outro mesmo sabendo que estou errado (a)? Tenho dificuldade em perceber o acerto do outro? Falo demais de mim mesmo (a) e não tenho paciência pra ouvir o que o outro precisa dizer? Gosto que os outros reconheçam as minhas qualidades? Gosto de me mostrar, de me exibir ao outro? Vanglorio-me de minhas qualidades, de meus dons? Vanglorio-me das coisas que Deus age por meu intermédio? Não consigo reconhecer a grandiosidade de Deus? Acho que sou sempre o "dono da situação" que eu penso é sempre o melhor? Sou muito auto-suficiente? Faço tudo o que quero e não me importo com a opinião do outro? Fui humilde ao pensar, comparei-me com outros, tratei de chamar a atenção com minha sabedoria, meu físico etc.? Reconheço-me pequeno? Desprezo os outros em meu coração? Me ressenti pelo trato ou posto recebido? Qual é a motivação de minhas aspirações? Distingo entre o que é doutrina e o que é minha opinião? Sou prudente ao dar minha opinião? Acredito que é a única? Acredito que sem minha presença as coisas não vão bem? Sei distinguir o que é minha missão ou me intrometo no que não me corresponde? Reconheço que não tenho razão de me glorificar mas sim em Cristo? De que forma minhas ações estão misturadas com orgulho, vaidade, egoísmo? Reconheço meus enganos e peço perdão? Posso ajudar sem mandar?

Diante da AVAREZA, tenho um apego muito grande às coisas materiais? Tenho muito apego às pessoas? Tenho ciúme desordenado das pessoas que amo? Tenho dificuldade de partilhar e falar de minha vida com os outros (avareza de si mesmo)? Preocupo-me demais com o dinheiro? Tenho dificuldades de abrir mão de bens materiais? Não deixo que o outro (esposo(a), filho(a), irmão(ã), amigo...) mexa em minhas coisas? Não deixo que o outro use de minhas coisas? Sempre guardo o que é "meu" para ninguém mexer? Tenho dificuldade de abrir mão do dinheiro, dificuldade de gastá-lo? Sou "mesquinho"?

Diante da GULA, como ou bebo demais, além do necessário.? Sou viciado a algum tipo de alimento (chocolates, doces, salgados, bebidas...)? Reclamo demais da comida que me fazem? Tenho "requintes exagerados" para comer? Faço da comida uma satisfação de desejos desequilibrados? Uso do alimento para resolver minhas ansiedades? Cuido do corpo que o Senhor me deu ou o desrespeito por prazeres?

Diante da IRA, sou uma pessoa muito irada, muito nervosa? Alimento em mim um desejo de vingança contra aquele que me fez algum tipo de mal? Não consigo perdoar aquele que faz algum tipo de mal por mim? Sou muito mal-humorado (a)? Reclamo de tudo e todos? Sou violento (a)? Brigo sempre com as pessoas? Tenho sempre discussões sem motivo? Estou sempre nervoso? Magoo as pessoas com o meu nervosismo? Fico nervoso(a) e bravo(a) comigo mesmo(a)? Qualquer coisa, por menor que seja, me irrita? Estou sempre irritado com meu esposo(a), filhos, amigos, irmãos, parentes, mãe, pai....? Nunca estou satisfeito(a) com a situação que me cerca? Fico sempre remoendo mágoas? Faço de tudo pra não perdoar àquele que me magoou e com isso, fico arquitetando vingança pra ele? Fico muito nervoso(a) com coisas pequenas? Diante da INVEJA, tenho inveja daquilo o que o outro tem (casa, carro, roupa, perfume, beleza, dinheiro, qualidades etc...)? Tenho desgosto pela felicidade do outro? Não consigo querer bem ao outro? Tenho inveja das obras que Deus faz na vida do outro? Tenho inveja dos dons que o Senhor entrega ao outro? Fico triste quando acontece algo de bom com o outro? Tenho inveja do cargo social, do emprego do meu amigo(a), esposo(a)...? Tenho inveja das amizades que o outro tem? Alegro-me, com a derrota, com a desgraça do outro? Torço para que aconteça coisas de errado com o outro? Não fico feliz com a felicidade do outro? (*Questionário para uma boa Confissão individual Comunidade Água Viva*).

ATO DE CONTRIÇÃO: - Senhor, meu Jesus Cristo, Deus e homem verdadeiro, Criador e Redentor meu, por serdes vós quem sois, sumamente bom e digno de ser amado sobre todas as coisas, e porque vos amo e vos estimo, pesa-me, Senhor, de vos ter ofendido; e proponho firmemente, ajudado com os auxílios de vossa divina graça, emendar-me e nunca mais tornar a vos ofender; espero alcançar de vossa infinita misericórdia, o perdão de minhas culpas. Amém

10) TERÇO DO SANGUE DE JESUS

"Quereis conhecer o Poder do Sangue de Cristo? Repara de onde começou a correr e de que fonte brotou."
São João Crisóstomo

Primeiro Mistério:
"Pai, perdoa-lhes pois eles não sabem o que fazem."
Jesus lava-me com o Teu Sangue. (7x)

Segundo Mistério:
"Hoje estarás comigo no paraíso!"
Eu sou vitorioso pelo Sangue de Jesus. (7x)

Terceiro Mistério:
"Eis ai a tua mãe."
Jesus, lava-me com o Teu Sangue e todas as pessoas que comigo convivem. (7x)

Quarto Mistério:
"Meu Deus, por que me abandonastes?"
Jesus, lava toda a minha história com o Teu Sangue. (7x)

Quinto Mistério:
"Tenho sede."
Jesus purifica-me com o Teu Sangue. (7x)

Sexto Mistério:
"Tudo está consumado."
Jesus, liberta-me pelo Teu Sangue Redentor. (7x)

Sétimo Mistério:
"Pai, em Tuas mãos entrego o meu espírito."
Eu sou vitorioso pelo Sangue de Jesus. (7x)

Oração Final
Que o Teu Sangue seja cobertura e proteção, e que o Divino Espírito Santo renove em nós sua unção, sua força e seu poder. Glória ao pai, ao Filho e ao Espírito Santo!

CONCLUSÃO

Tomar uma decisão não é tomar a decisão certa. É tomar a decisão.

Chegamos ao final deste Itinerário e mudanças estão para acontecer em sua vida pelo Poder do Sangue de Jesus e pela ação de São Rafael Arcanjo. Deixei várias dicas para que você trilhe um caminho de cura profunda. Coragem, busque estes novos caminhos, novas estratégias, mas não pare no mesmo lugar: Aprende a lutar!!

Se ainda não conhece o Poder do Sangue de Jesus, venha rezar conosco. Você pode nos encontrar nas redes sociais e viver todas as noites estes momentos de cura ou vir presencialmente fazer este caminho de cura em nossos vários retiros.

Que o Anjo Rafael te visite e derrame uma gota do Sangue de Jesus sobre você. Querido leitor, desejo a você uma grande transformação e espero receber seu testemunho de transformação. Você é vitorioso(a) pelo Poder do Sangue de Jesus!

COMUNIDADE ÁGUA VIVA

Somos chamados a ser Água Viva no mundo como ponte de reconciliação dos homens com Deus, resgatando da morte para a vida!

"Porque este meu filho estava morto e tornou a viver; estava perdido e foi encontrado." E começaram a festa! (Lc 15)

QUEM SOMOS?

Somos uma comunidade missionária pertencente ao movimento das novas comunidades da Igreja Católica. A Comunidade é formada por missionários homens e mulheres - casados, solteiros e celibatários – que dedicam suas vidas para resgatar pessoas da morte para Vida pelo poder do Sangue de Jesus. Como apóstolos do Sangue de Jesus atuamos através de atendimentos de oração e terapia, retiros, visitas missionárias, Casa de Acolhida, lives e outros eventos.

FUNDADORA

Levar o abraço do Pai a todos aqueles que precisam, antes que cometam suicídio.

Raquel Carpenter Costa dos Santos é a fundadora da Comunidade Água Viva. Ainda menina, após algumas tentativas de suicídio, viveu um encontro íntimo com Deus, o que marcou definitivamente a sua alma e deu um novo rumo e sentido à sua trajetória de vida. Através deste encontro, nasceu no coração da Raquel o grande desejo de ir aos quatro cantos do mundo anunciando a força da vida.

SANGUE DE JESUS

O Sangue de Jesus é nosso remédio diário!
O Sangue de Jesus é uma forte espiritualidade do Carisma Água Viva. Após ser curada milagrosamente de uma doença incurável (lúpus eritematoso sistêmico), a fundadora Raquel Carpenter sentiu o chamado de espalhar a força e o poder do Sangue de Jesus, desejando que outras pessoas também sejam curadas e resgatadas, crescendo na gratidão a Deus e na certeza de que, para aquele que crê no poder do Sangue de Jesus, nada é impossível. Atualmente, rezamos todas as noites o Terço do Sangue de Jesus, através das *lives* em nosso canal do *YouTube*, no horário das 20h30. Temos contemplado muitos milagres, não somente em nossa Comunidade como também na vida de milhares de pessoas espalhadas pelo mundo inteiro.

CASA DE ACOLHIDA

Resgatando da morte para a vida!
A Casa de Acolhida Filho Pródigo tem como proposta o tratamento integrado, voltado para homens e mulheres que apresentam quadros psicoemocionais graves, como depressão, síndrome do pânico, intenção suicida, falta de sentido da vida, estafa, além daqueles que buscam um processo de autoconhecimento, diante de alguma situação da sua vida. Trata-se de um período de recolhimento voluntário, no qual o participante opta por vivenciar uma profunda experiência de resgate da dignidade e do sentido, além de um encontro consigo mesmo e com Deus.

Para mais informações, entre em contato: ***(27) 99641-3336***

VOCACIONAL

Ministros do amor e da verdade! Deus nos chamou e nos resgatou da morte para a vida. Agora, Ele nos envia como apóstolos do Sangue de Jesus a levar esse verdadeiro anúncio da vida! Se você deseja se unir a nós nesta missão ou, até mesmo, nos conhecer mais de perto, entre em contato conosco.

Assessoria Vocacional: **(27) 99783-0947**

COMUNIDADE ÁGUA VIVA

Rua Dep. Nilton Gomes S/N (Retiro do Congo) – Vila Velha, ES, Brasil
CEP: 29100-201 – Contato: **(027)99963-5665**

REDES SOCIAIS

@comaguaviva – @raquelaguaviva
YouTube.com/comaguaviva
Facebook: Comunidade Água Viva
Email: contato@comunidadeaguaviva.com
Visite nosso site:
Home – Comunidade Água Viva (comunidadeaguaviva.com)

PRODUTOS DE EVANGELIZAÇÃO

@lojaaguaviva
Visite nossa loja online:
loja.comunidadeaguaviva.com

REFERÊNCIAS BIBLIOGRÁFICAS

Agnaldo José dos Santos. **São Rafael, Arcanjo da Cura e Libertação**. Ed. Paulus, 2014.

Pe. Augusto Ferretti. **Os Santos Anjos da Guarda**. Ed. Cultor de Livros, 2021.

José Vílchez Líndez. **Tobias e Judite**. Ed. Paulinas, 2006.

Dom Cipriano Chagas. **Votos secretos**. OSB, 14ª Edição. Ed. Louva a Deus, 2016.

Devocionário aos Santos Arcanjos. Ed. Canção Nova, 2006.

Pseudo-Dionísio Areopagita. **A hierarquia celeste**. Ed. Ecclesiae, 2019.

Rafael Brito. **O segredo dos anjos**. Ed. Angelus, 2021.

Pe. Rafael André Pereira de Lemos, Org. **Devocionário de São Rafael**. Ed. Raboni, 2017.

Robert Leahy. **Regulação emocional em psicoterapia**. Ed. Artmed, 2013.

Tomás de Aquino. **Os anjos**. Edipro, 2017.

APRENDA A LUTAR

UM ITINERÁRIO DE CURA DAS EMOÇÕES COM SÃO RAFAEL

ANGELVS
EDITORA

www.angeluseditora.com

Este livro foi impresso por
Gráfica Loyola